Ville de Paris

IIIᵉ ARRONDISSEMENT

Bibliothèque Municipale

PRÊT GRATUIT A DOMICILE

DU

Passage de l'Ancre

ANNEXE DE L'ÉCOLE RUE DU BOURG-L'ABBÉ, 10 *bis*

CATALOGUE

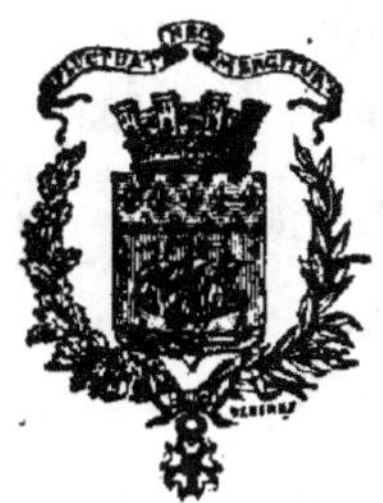

PARIS

Henri CHARLES-LAVAUZELLE

Éditeur

10, Rue Danton, Boulevard Saint-Germain, 118

1909

RÈGLEMENT

POUR LE PRÊT DES LIVRES

AUX PERSONNES DES DEUX SEXES

ARTICLE PREMIER. — Pour être admis à recevoir des livres en prêt, il faut :

1° Etre âgé de 18 ans au moins ;
2° Habiter le IIIe arrondissement.

ARTICLE 2. — Toute personne autorisée à recevoir des livres en prêt sera munie d'un livret fourni gratuitement par la Bibliothèque et sur lequel seront inscrits par le bibliothécaire :

1° Le numéro du volume prêté et son titre ;
2° L'indication et l'état du volume ;
3° La date du prêt ;
4° La date de la rentrée.

ARTICLE 3. — *Les prêts seront faits à la Bibliothèque tous les jours : en semaine, de 8 heures à 10 heures du soir, et le dimanche de 9 heures à 11 heures du matin, excepté les jours fériés.*

ARTICLE 4. — Les ouvrages destinés au prêt à domicile porteront une estampille spéciale.

ARTICLE 5. — Il ne sera prêté qu'un volume à la fois.

ARTICLE 6. — *Aucun volume ne pourra être conservé plus de 15 jours* sans avoir été représenté. Au delà de ce terme, la restitution du volume sera d'abord réclamée par lettre, puis poursuivie par les voies de droit, aux frais du retardataire.

ARTICLE 7. — Les personnes qui auront détérioré ou perdu des livres devront en rembourser la valeur.

ARTICLE 8. — En cas de changement de domicile, le lecteur devra toujours faire connaître sa nouvelle adresse.

ARTICLE 9. — Tout lecteur inscrit sera considéré comme ayant adhéré au présent règlement.

Ville de Paris

IIIᵉ ARRONDISSEMENT

Bibliothèque Municipale

PRÊT GRATUIT A DOMICILE

DU

Passage de l'Ancre

ANNEXE DE L'ÉCOLE RUE DU BOURG-L'ABBÉ, 10 *bis*

CATALOGUE

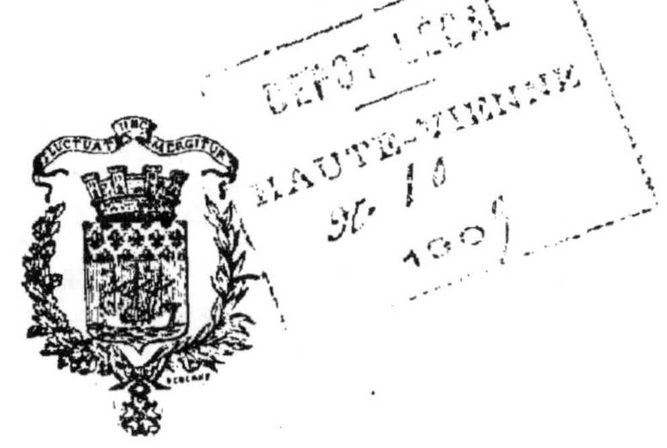

PARIS

Henri CHARLES-LAVAUZELLE

Éditeur

10, Rue Danton, Boulevard Saint-Germain, 118

1909

DIVISION DU CATALOGUE

		Pages.
I.	Philosophie. Morale	5
II.	Économie politique et sociale. Législation. Administration	7
III.	Histoire. Biographie	12
IV.	Géographie. Mœurs. Voyages	20
V.	Littérature. Poésie. Théâtre	26
VI.	Romans français et étrangers. Contes. Nouvelles	34
VII.	Enseignement pédagogique	67
VIII.	Sciences mathématiques	70
IX.	Sciences physiques et naturelles	70
X.	Agriculture. Industrie. Métiers. Commerce	72
XI.	Sciences médicales. Hygiène	75
XII.	Sciences militaires	76
XIII.	Beaux-Arts	77
XIV.	Musique	79
XV.	Langues étrangères	83
XVI.	Bibliothèque enfantine	83

Nota. — Le nombre des volumes n'est indiqué que pour les ouvrages qui en comportent plusieurs.

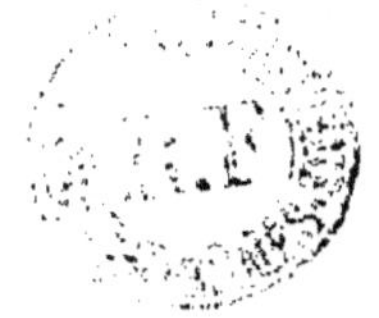

CATALOGUE

DE LA

Bibliothèque Municipale

DU PASSAGE DE L'ANCRE

I

PHILOSOPHIE. — MORALE.

867 BARNI (J.). Moralistes français du XVIIIe siècle

477 BERSOT (E.). Un Moraliste.

1 BERT (P.). La Morale des Jésuites.

3144 BRUNETIÈRE (F.). Prix de Vertu 1899.

868 CARO (E.). Études morales sur le temps présent.

2880 CHARBONNEL (V.). La Volonté de vivre.

2 CHATEAUBRIAND (Vicomte de). Le Génie du Christianisme.

824 CHERBULIEZ. Prix de Vertu 1891.

2565 CLARETIE (J.). Prix de Vertu 1897.

1597 COPPÉE (F.). Prix de Vertu 1893.

3 COUSIN (V.). du Vrai, du Beau, du Bien.

869 DEPASSE (H.). Le Cléricalisme.

3153 DESACHY (P.). La France noire.

3511 DIDE (A.). La Fin des Religions.

3858 DOUMER (P.). Le Livre de mes fils.

420 DREYFOUS (C.). L'Évolution des mondes et des sociétés.

2043 FAGUET (E.). Politiques et Moralistes du XIXe siècle (1re Série).

3140 FOURNIÈRE (E.). L'Idéalisme social.

3351 GAUSSERON. Comment vivre à deux.

4 GRÉARD (O.). De la Morale de Plutarque.

3663 HAECKEL (E.). Les Énigmes de l'Univers.

3673 — Les Origines de l'Homme.

3674 — Le Monisme.

3851 — Religion et Evolution.

1765 HALÉVY (L.). Prix de Vertu 1894.
2280 D'HAUSSONVILLE (Cte). Prix de Vertu 1896.
1987 HERVÉ (M.). Prix de Vertu 1895.
3513 HERVIEU (P.). Prix de Vertu 1904.
3402 HOUSSAYE (H.). Prix de Vertu 1902.
2589 JANET (P.). Le Cerveau et la Pensée.
   5 LA BRUYÈRE. Les Caractères de Théophraste.
3537 LAFARGUE (A.). L'Orientation humaine.
  87 LA ROCHEFOUCAULD. Réflexions. Sentences
        et Maximes.
  89 LEGOUVÉ (E.). Nos Fils et nos Filles.
1266 — Les Pères et les Enfants au XIXe siècle. 2 vol.
2044 LEROY-BEAULIEU (A.). Les Catholiques libé-
        raux.
1498 — Israël chez les Nations.
3853 LORÉDAN (J.). La Peine de vivre.
2821 LOTI (Viaud Pierre). Prix de Vertu 1898.
2885 MAETERLINCK (M.). La Sagesse et la Desti-
        née.
3542 MESSIMY. La Paix armée.
 871 MICHELET (J.). La Bible de l'Humanité.
 994 — L'Etudiant.
2610 — La Femme.
 872 — Le Prêtre, la Femme et la Famille.
2876 MONGELLAZ (Mme de). L'Influence des Fem-
        mes sur les destinées des Nations. 2 vol.
1671 MONTAIGNE (M.). Essais. 2 vol.
3538 NATTAN-LARRIER. Les Menaces des guerres
        futures.
3539 NOVICOW (J.). La possibilité du Bonheur.
1257 OLLIVIER (E.). Prix de Vertu 1892.
1778 PAPILLON (F.). Histoire de la Philosophie mo-
        derne. 2 vol.
  96 PASCAL (Bl.). Lettres écrites à un Provincial.
3738 PÉRÈS (G.). L'Action humaine.
3543 POL (Stéph.). L'Esprit militaire.
3544 — Vers l'Avenir.
 873 QUINET (Edg.). Le Christianisme et la Révo-
        lution française.
3705 REICH (Dr). Du Succès des Nations.
 450 RENAN (E.). La Vie de Jésus.
3545 RICHOT (Ch.). Fables et Récits pacifiques.
2819 ROBINET (Docteur). Le Mouvement religieux
        à Paris pendant la Révolution. 2 vol.
3835 SÉAILLES. Les affirmations de la Conscience
        moderne.
1268 SIMON (J.). Le Devoir.
1505 — La Femme du XXe siècle.
 480 — La Liberté civile.
   6 — La Liberté de conscience.
  12 — La Liberté politique.
1816 — L'Ouvrière.
 874 — La Religion naturelle.
   7 TAINE (Th.). Les Philosophes classiques du
        XIXe siècle.

3451 THUREAU-DANGIN. Prix de Vertu 1903.
3281 WILHEM (A.). Le Livre des laïques.

II

ÉCONOMIE POLITIQUE ET SOCIALE.

LÉGISLATION. — ADMINISTRATION.

8 ABOUT (E.). A B C du Travailleur.
2530 ARNAUNÉ (A.). La Monnaie, le Crédit et le Change.
9 BARREAU (Th.). Conseils aux ouvriers sur les moyens d'améliorer leur sort.
3646 BARTHÉLEMY (H.). Traité élémentaire de droit administratif.
3530 BASTIAT (F.). Œuvres complètes (tome 6).
478 BAUDRILLARD. Economie politique populaire.
2018 BAUDRY-LACANTINERIE (G.). Précis de Droit civil, t. I.
2295 — — t. II.
2596 — — t. III.
2019 BEAUREGARD (P.). Eléments d'économie politique.
426 BELLOC (A.). Les Postes françaises.
2020 BENOIST (Charles). La Politique.
431 BEQUET (L.). Traité de la Commune.
2021 BEUDANT (Charles). Le Droit individuel et l'Etat.
876 BLOCK (M.). Le Budget.
400 — Entretiens familiers sur l'administration de notre pays.

    I. — La Commune.
    II. — Le Département.
    III. — La France.

877 — L'Impôt.
878 — Paris. Institutions administratives.
879 — Paris. Organisation municipale.
880 — Le Socialisme moderne.
1772 BLONDEL (Georges). L'essor industriel et commercial du peuple allemand.
3535 — La Situation économique comparée de la France et de l'Etranger.
2268 BOCHER (A.). La Fin de l'Europe.
2269 — La France dans l'avenir.
2270 — Les Progrès modernes.
2271 — L'Univers hier, aujourd'hui, demain.
2531 BONNAL (M.-E.). Traité des Octrois.

2878 BONVALOT (Gabriel). Sommes-nous en déca-
 dence?
2597 BOUCARD et JEZE. Eléments de la Science
 des Finances.
2602 BOUFFEZ et Marie CARDINE. Législation et
 jurisprudence de l'enseignement primaire.
2879 BOURGEOIS (Léon). Solidarité.
2022 BOUTMY (E.). Etudes de Droit constitutionnel.
2532 BRY (G.). Droit international public.
2293 BUISSON (Henry). Le Rôle de la Coopérative.
2564 BUJON (P.). La Peine de Mort.
1569 CADOUX (Gaston). L'Influence française à l'é-
 tranger.
3291 CAILLAUX, TOUCHARD et DESCHANEL. Les
 impôts en France.
2567 CALVINHAC (L.). Vers la justice.
3540 CARNEGIE (A.). L'A B C de l'Argent.
1771 CHANTAGREL. Précis d'instruction civique et
 d'administration communale.
2533 CHEYSSON (M.-E.). L'Assistance rurale et le
 groupement des Communes.
2534 CIESZKOWSKI (Cte Auguste). Du Crédit et de
 la Circulation.
1985 CILLEULS (Alfred des). Les grandes aggloméra-
 tions devant l'économie sociale.
1984 — De la Michodière et la statistique de la po-
 pulation.
1982 — Le prix de la Vie en France.
1983 — Des secours à domicile dans la Ville de Paris.
2297 CLEMENCEAU (G.). La Mêlée sociale.
2277 COLONIES (Administration des). Sur la circulation monétaire.
 881 COQUEUGNOT. L'Avocat des propriétaires et
 des locataires.
 882 CUNISSET-CARNOT. L'Avocat de tout le
 monde.
2285 DELEBECQUE (G.). Manuel de Statistique
 des chemins de fer français (1re année).
2566 — — (2e année).
2298 DEMOLINS. A quoi tient la supériorité des An-
 glo-Saxons.
2615 — Les Français d'aujourd'hui.
2603 DESCHANEL (P.). Discours prononcés à la
 Chambre.
2604 — La Question sociale.
2605 — La République nouvelle.
1568 DESMOULINS (Auguste). Colonisons la France.
2023 DEVILLE (G.). Le Capital (de Karl Marx).
2024 DOULCET (Henry). Rapports de l'Eglise chré-
 tienne avec l'Etat romain.
2606 DUMAS (A. fils). La Question du Divorce.
2588 DUMONT (Léon-A.). Haeckel et la théorie de
 l'Evolution en Allemagne.
2025 DU PETIT-THOUARS. L'Etat et l'Eglise.

2026 EDMOND-BLANC (A.). Napoléon Ier. Ses Institutions civiles et administratives.
2027 ESMEIN (A.). Cours élémentaire d'histoire du Droit français.
2535 ESPINAS (A.). Histoire des doctrines économiques.
3640 ESSARS (P. des). Pour gérer sa fortune.
 404 FAIVRE. Discours et opinions de Ch. Floquet. 2 vol.
2028 DE FOVILLE (Alfred). La France économique.
2029 FRANÇOIS (C.). Le Commerce.
 359 FRANKLIN (A.). La Vie privée d'autrefois.

    I. — Comment on devient patron.
    II. — L'Annonce et la Réclame.

 778 — La Vie privée d'autrefois.

    I. — La Cuisine.
    II. — Les Repas.

2030 DE FRESQUET (R.). Sources du Droit français.
3679 GARNIER (J.). Premières notions d'Economie politique.
2299 — Traité d'Economie politique.
2536 — Traité de Finances.
2598 GARSONNET (E.). Précis de Procédure civile.
  10 GENDRE. Etudes sociales.
 403 GEORGE (Henri). Progrès et Pauvreté.
2537 GIRARDOT (Baron de). Des Administrations départementales électives et collectives.
1256 GRELOT (Félix). Loi du 5 avril 1884 sur l'organisation municipale.
1575 GUIGNARD. De la Suppression des Octrois.
3848 GUILLOT (P.). Assistance obligatoire aux vieillards, infirmes et incurables.
3285 — La Responsabilité des accidents.
3137 GUYARD (Aug.). Des Droits, des Devoirs et des Constitutions au point de vue de la destinée humaine.
1592 GUYOT (Y.). La Tyrannie socialiste.
1275 HABERT (J.). Leçons familières d'Economie politique.
2287 HURET (J.). La Question sociale en Europe.
 401 JOANNE MAGDELAINE. La Question cléricale et les 500 millions du Clergé.
1590 JOURDAN (G.). Législation sur les Logements insalubres.
1274 LAMY (Louis de). Causeries du Juge de paix.
2826 — Eléments de Droit usuel.
2300 LAURIN (Aug.). Précis de Droit maritime.
2894 LEBON (André). Etudes sur l'Allemagne politique.
2883 LECLERC (Max.). Les Professions et la Société en Angleterre.
3166 LEGRAND (J.). La Leçon de Fashoda.
3716 LEGRAND (M.). Dictionnaire de Droit usuel.

1255 LE MANSOIS-DUPREY. L'Œuvre sociale de la
     Municipalité parisienne, 1871-1891.
2286 LE PELLETIER (E.). La Saisie-Arrêt.
3167 LE ROUX (H.). Le Bilan du Divorce.
2301 — Nos Fils, que feront-ils?
2884 — Nos Filles.
3818 LEROY-BEAULIEU (P.). L'Art de placer sa
     fortune.
 884 — L'Economie politique.
3737 LESUEUR (L.). Le deuxième Congrès national
     des retraites pour la vieillesse.
2538 LETOUZÉ (Ch.). Traité du Change des Mon-
     naies.
1236 LEVERDAYS. Nouvelle organisation de la Ré-
     publique.
2601 LEVY (R.-G.). Mélanges financiers.
1780 LOISELEUR. Les Crimes et les Peines dans
     l'antiquité et dans les temps modernes.
3677 LOUIS (P.). Les Lois ouvrières.
2302 LYON-CAEN (C.) et RENAULT (L.). Manuel
     de Droit commercial.
 479 MACÉ (G.). Le Service de la Sûreté.
 832 MATRAT (P.). L'Avenir de l'Ouvrier.
 886 MAUGRAS. L'Avocat de la Famille.
3700 MÉLINE (J.). Le Retour à la Terre.
2031 MENIER. L'Impôt sur le Capital.
 887 MICHELET (J.). Le Peuple.
1537 MODESTE (V.). Lettre au pape Léon XIII.
1539 — Le Prêt à intérêt.
2539 MOLROGUIER (P.). Du Régime municipal de
     la France.
  11 MONTESQUIEU (Ch. de). De l'Esprit des Lois.
2569 MONTHEUIL (A.). La Charité privée à l'étran-
     ger.
3855 MOREL (P.). La Police à Paris.
 424 MORIN (C.). De l'Alignement.
1573 MOROSTI. La Vérité sur la Propriété et le Tra-
     vail.
2853 PASSY (F.). L'Histoire du Travail.
1593 PAULIAN (L.). Paris qui mendie.
 440 PRAT. La Constitution de 1793.
2032 PROUDHON. Qu'est-ce que la Propriété?
2033 — La Révolution sociale.
1814 PUYBARAUD. Les Malfaiteurs de profession.
2034 RAMBAUD (P.). Résumé du Droit romain.
3854 RENARD (G.). Le Socialisme à l'œuvre.
 402 RICHOU. Traité des Archives publiques.
2035 RIVIÈRE et FAUSTIN-HÉLIE. Codes français.
3169 ROCHE (Jules). Allemagne et France.
3170 — Nos Finances.
3541 ROOSEVELT (Th.). L'Idéal américain.
2599 ROUGIER (P.). La Liberté commerciale.
2036 SAY (Léon). Les Finances.
2887 SCHWOB (M.). Le Danger allemand.

2844 SEILHAC (Léon de). Les Congrès ouvriers en France.

 888 SIEGFRIED. La Misère.

2303 SIMONET (J.-B.). Traité élémentaire de Droit public et administratif.

1567 SOURDILLON. L'Autonomie communale à Paris.

3458 SOUVIRON et PONTICH. Lois et décrets sur l'administration communale et départementale.

3634 STAFFE (Baronne de). Pour augmenter son bien-être.

2037 STOURM (René). Le Budget.

3280 STRAUSS (P.). Code manuel des conseils de Prud'hommes.

1993 — L'Enfance malheureuse.

3368 — Manuel de l'administrateur du Bureau de Bienfaisance.

3390 et 3519. STRAUSS (P.) et FILLASSIER. Loi sur la protection de la santé publique.

2600 SURVILLE et ARTHUYS. Droit international privé.

1992 TABOURIECH. La Responsabilité des accidents.

3516 TARRIN (A.). Habitations à bon marché.

3645 THALLER (E.). Traité élémentaire de Droit commercial.

 481 THIERRY-MIEG. La France et la Concurrence étrangère.

2053 DE TOCQUEVILLE (A.). L'Ancien Régime et la Révolution, t. IV.

3667 TRENEY (X.). Les grands Économistes du xviiie et du xixe siècle.

3736 TUROT (H.) et BELLAMY. Le Surpeuplement et les Habitations à bon marché.

 451 VIGANO. La vraie Mine d'or de l'Ouvrier.

1576 VILLARD (Th.). Organisation du Travail en France.

2304 VILLEY (Edm.). Précis d'un Cours de Droit criminel.

 828. VILLE DE PARIS. Annuaire statistique de la Ville de Paris. 10e année 1889.

1564 — — 11e année 1890.

1541 — — — 1891.

1566 — — 12e année 1891.

1766 — — — 1892.

1790 — — — 1893.

1995 — — — 1894.

2553 — — — 1895.

2594 — — — 1896.

3136 — — — 1897.

3277 — — — 1898.

3366 — — — 1899.

3397 — — — 1900.

3453 VILLE DE PARIS. Annuaire statistique de la
    Ville de Paris, 12ᵉ année 1901.
3514 — — —,1902.
3669 — — — 1903.
3741 — — — 1904.
3857 — — — 1905.
 827 — Budget de l'Exercice 1892.
1563 — — 1893.
1565 — — 1894.
1769 — — 1895.
1981 — — 1896.
2282 — — 1897.
2561 — — 1898.
2833 — — 1899.
3279 — Bulletin de l'Instruction primaire, 1901.
1544 — Compte de la Ville de Paris. 1889, 1ʳᵉ partie.
 449 — — 1890, 2 vol.
1545 — — 1891, 1ʳᵉ partie.
1546 — — 1891, 2ᵉ partie.
1543 — — 1892, 1ʳᵉ partie.
1542 — — 1892, 2ᵉ partie.
1589 — — 1893, 1ʳᵉ partie.
1746 — — 1893, 2ᵉ partie.
1791 — — 1894, 1ʳᵉ partie.
1797 — — 1894, 2ᵉ partie.
1996 — — 1895, 1ʳᵉ partie.
2017 — — 1895, 2ᵉ partie.
2554 — — 1896, 2 vol.
2820 — — 1897, 2 vol.
3429 — Guide foncier.
3743 — La Protection légale des Travailleurs.
 147 — Recueil des Lois ouvrières.
2038 VIOLLET (P.). Histoire des Institutions poli-
    tiques.

III

HISTOIRE. — BIOGRAPHIE

  13 ABOUT (Edm.). Alsace.
 482 — La Grèce contemporaine.
1574 AGOSTINI. La France et le Canada.
1270 AMMANN et COUTANT. Notions sommaires
    d'Histoire générale.
2370 ARAGO (Et.). Les Bleus et les Blancs. 2 vol.
2612 ARMELIN (G.). Le Livre d'or de 1870.
3467 AUBRY (J.-A.). Edouard VII intime.
2581 AULARD (A.). Paris pendant la période ther-
    midorienne. T. I.
2837 — — T. II.
3138 — — T. III.
3151 — — T. IV.
3371 — — T. V.

3447 AULARD (A.). Paris sous le Consulat. T. I.
3527 — — T. II.
3742 — — T. III.
1630 BABEAU (A.). Paris en 1789.
2039 BALZAC (H.). Sur Catherine de Médicis.
2586 BAREL (V.-L.). L'Empire du Brésil.
2851 BASTIDE (J.). Les Guerres de la Réforme.
2852 — Luttes religieuses des premiers siècles.
3389 BAUDIN (P.). L'Alerte.
2868 BAUDIN (P.). et CADIERES (R.). Les Gran-
     des Journées populaires.
3290 BEAUREPAIRE (Ed.). La Chronique des Rues.
2889 BENOIST (Ch.). L'Espagne, Cuba et les Etats-
     Unis.
3561 BÉRARD (V.). La Révolte de l'Asie.
 483 BERNARD (F.). Les Evasions célèbres.
  36 — Les Fêtes célèbres de l'antiquité.
 889 BERNOT. Châteaudun.
 826 DE BEUST. Mémoires. 2 vol.
  37 BLANC (Louis). Histoire de la Révolution de
     1848. 2 vol.
3370 BLÉMONT (E.). Les Gueux d'Afrique.
2570 BLOT (Sylvain). Napoléon III.
3469 BLUYSEN (P.). Félix Faure intime.
 452 BONNAL. Les Armées de la République.
2613 BOURGOING (Baron de). Souvenirs militaires
     du Baron de Bourgoing.
2835 BRETTE (Edm.). La France au milieu du XVIIIe
     siècle.
 892 BRUNEL. Le Général Faidherbe.
 890 BURDEAU. L'Algérie en 1891.
1577 CAMPARDON. Les Comédiens du Roi.
3470 CARACCIOLO. Victor-Emmanuel III intime.
3459 CARLIER (Mme). Au milieu des Massacres.
1631 CARLYLE (T.). Les Héros.
1817 CAZENEUVE (M.). A la Cour de Madagascar.
  40 CÉSAR. Commentaires, suivis du Précis des
     Guerres de César, par Napoléon. 2 vol.
3528 CHARAVAY. Assemblée électorale de Paris
     (1792).
3369 CHARNAY. Lettres de F. Cortès à Charles-
     Quint.
2838 et 3448 CHASSIN et HENNOT. Les Volontai-
     res nationaux pendant la Révolution.
1258 CHATEAUMINOIS (Mlle). Souvenirs historiques
     du 8e arrondissement de Paris.
1827 et 2305 CHERRIER. La Cité à travers les âges.
1271 CHEVALIER (Eugène). Abrégé d'Histoire po-
     pulaire de la France.
2617 CHUQUET (A.). La Guerre de 1870-1871.
 893 CLARETIE (J.). Paris assiégé.
 937 COLOMB (F.). La Vie de Christophe Colomb.
1881 CONSCIENCE (H.). Les Serfs de Flandre.
 425 COPLEY-CHRISTIE (R.). Etienne Dolet.

1506 COURGEON. Récits de l'Histoire de France.
4 vol.
894 DALSÈME (J.). Le Siège de Bitche.
3388 DARCY. La Défense de la Légation des Français à Pékin.
2040 DARESTE (M.-C.). Histoire de France (T. VII).
2105 DARIMON (A.). Mémoires du Sergent Laveaux.
1632 — Le Tiers-Parti sous l'Empire.
2614 DAUDET (E.). La Police et les Chouans sous le
Consulat et l'Empire.
2558 DAYOT (Armand). Les Journées révolutionnai-
res (1830-1848).
2556 DELABROUSSE (L.). Valentin.
2870 DELON (Ch.). Les Paysans.
3732 DELPECH (A.) et LAMY (G.). La France sous
la troisième République.
1571 UN DÉPUTÉ. Les Carnot.
39 DESTREM. Les Déportations du Consulat et de
l'Empire.
1352 DIEULAFOY (Jane). Volontaires (1792-1793).
2041 DILKE (H.). L'Europe en 1887.
3156 DIVERS. Biographie politique.
3856 DOUARCHE (A.). Les Tribunaux civils de Paris pendant la Révolution.
453 DREYFOUS. Les 3 Carnot.
3304 DRUMONT (E.). Figures de bronze ou Statues
de neige.
3305 — Les Héros et les Pitres.
2616 et 3394 — Mon vieux Paris.
1591 DU CAMP (Maxime). Paris, ses organes, ses
fonctions, sa vie. 6 vol.
3531 DUCROCQ. Pauvre et douce Corée.
833 DULAURE. Histoire de Paris. 4 vol.
1615 DUMAS (Al.). César. 2 vol.
1354 — Charles le Téméraire. 2 vol.
1633 — Gaule et France.
1357 — Henri IV. Louis XIII. Richelieu. 2 vol.
1359 — Isabel de Bavière. 2 vol.
1634 — Italiens et Flamands.
596 — Jehanne la Pucelle.
75 — Louis XV et sa Cour.
2042 — Louis XVI et la Révolution. 2 vol.
602 — Les Morts vont vite. 2 vol.
1636 — Napoléon.
1513 DUPUY (E.). Victor Hugo.
1277 DUQUET. Froeschviller. — Châlons. — Sedan.
2306 DURET (Th.). Histoire de France de 1870 à
1873. 2 vol.
895 DURUY (Victor). Histoire de France. 2 vol.
41 — Histoire grecque.
42 — Histoire du Moyen Age.
43 — Histoire moderne (depuis 1453 jusqu'à 1789).
44 — Histoire romaine jusqu'à l'invasion des Barbares.
806 DUSSIEUX. Le Siège de Belfort.

1818 DUVAL (G.). Napoléon.
2135 ERCKMANN-CHATRIAN. Alsace.
2136 — Une Campagne en Kabylie.
218 — Waterloo.
3726 ESTOILE (L'). Journal de l'Estoile.
2294 ÉTIÉVANT (Alfred). La Monarchie française.
1278 FABRE (Joseph). Le Mois de Jeanne d'Arc.
485 — Procès et condamnation de Jeanne d'Arc.
756 FIGUIER (L.). Vies des savants illustres. 2 vol.
3693 FLEURY (Cte). Les Drames de l'Histoire.
1507 FONTANE. Souvenirs d'un prisonnier de guerre
   allemand.
458 FONVIELLE (W. de). Les Navires célèbres.
486 FOURNIER (Ed.). Histoire du Pont-Neuf. 2
   vol.
1638 — Les Rues de Paris.
3725 FRANKLIN (A.). Les Rois et les Gouverne-
   ments de la France.
897 FREYCINET (de). La Guerre en province.
2891 FUNCK-BRENTANO (F.). Légendes et archives
   de la Bastille.
3562 — Les Nouvellistes.
454 GAFFAREL. Les Campagnes du Consulat et de
   l'Empire.
2574 GALLET (Louis). Guerre et Commune.
3672 GALLI. Russes et Japonais.
898 GARNIER (Francis). Le Siège de Paris.
45 GASPARIN (Agénor de). Un grand peuple qui
   se relève.
77 GAUTIER (Th.). Tableaux du siège de Paris.
46 GAZEAU. Les Bouffons.
2279 GEFFROY (Gust.). L'Enfermé.
900 GERMAIN et AUBERT. La Révolution et ses
   bienfaits.
2307 GLOUVET (J. de). France (1418-1829).
1657 GRÉARD (O.). Prévost-Paradol.
2621 GRENEST. L'Armée de la Loire. 2 vol.
2622 — Les Armées du Nord et de Normandie.
47 GROS. Conquête du Tonkin par 27 Français.
430 GROSJEAN. La Révolution française.
2618 GUILLON (E.). Les Complots militaires sous le
   Consulat et l'Empire.
2619 — Les Complots militaires sous la Restauration.
2892 GUITRY (Commandant). L'armée de Bonaparte
   en Egypte.
3562 GUY-PÉRON. Les Derniers Invalides.
237 HALÉVY (L.). L'Invasion.
2893 HANOTAUX (G.). L'affaire de Madagascar.
1639 — Les Villes retrouvées.
2308 HAROLD (Ferdinand). Un jeune Empereur.
   Guillaume II d'Allemagne.
2620 HECKEDORN. Bismarck.
1500 — Guillaume II, son peuple, son armée.
3731 HENNET (L.). Les Volontaires nationaux pendant la Révolution. T. III.

2309 D'HÉRICAULT. Thermidor. 2 vol.
 901 D'HÉRISSON (Cte). Le Cabinet noir.
2310 — La Légende de Metz.
3472 HOCHE (J.). Guillaume II intime.
2311 HOUSSAYE (Ars.). Mlle de la Vallière et Mme
      de Montespan.
2541 HOUSSAYE (H.). 1814.
2542 — 1815.
2850 HUBNER (Baron de). Sixte-Quint. 3 vol.
  48 HUGO (V.). Napoléon le Petit.
2439 — Victor Hugo raconté par un témoin de sa
      vie.
2623 IMBERT DE SAINT-AMAND. La Cour de
      Louis XIV.
1640 — Marie-Amélie et la Cour des Tuileries.
2288 ISAMBERT (Gustave). La vie à Paris pendant
      une année de la Révolution.
1279 IUNG (Th.). Bonaparte et son temps. 3 vol.
1280 JALLIFIER et VAST. Histoire de France et
      Histoire générale.
 902 JANET. Histoire de la Révolution française.
      2 vol.
3533 JORAN (Th.). Choses d'Allemagne.
1328 JULLIEN (B.). Thèses d'histoire et Nouvelles
      historiques.
 903 JURIEN DE LA GRAVIÈRE. Les Guerres ma-
      ritimes. 2 vol.
 488 LABOULAYE (E.). Histoire des Etats-Unis.
      3 vol.
 904 LACROIX (D.). Histoire du Drapeau français.
2582 LACROIX (S.). Actes de la Commune de Paris
      pendant la Révolution.
3152 — — (index, 2 vol., t. VI et VII).
3273 — — (2e série, 1er vol.).
3393 — — (2e série, 2e vol.).
3526 — — (3e vol.).
3723 — — (4e vol.).
3859 — — (5e vol.).
 905 LAMARTINE. Histoire des Girondins. 6 vol.
3724 LAMBEAU (L.). La Place Royale.
1572 LAMBER (Juliette). Le Siège de Paris.
3278 LANDOUZY. Lettres de Bismarck.
 489 LANFREY (P.). Histoire de Napoléon Ier. 5 vol.
3747 LANG (A.). Les Mystères de l'Histoire.
3564 LANO (P de). La Cour de Napoléon III.
  49 LARCHEY. Les Cahiers du capitaine Coignet.
 906 — Journal du canonnier Bricart.
1819 LAUNAY (de). 2000 ans d'histoire.
1641 LAURENT (Albert). Les Prisons du Vieux Paris.
1282 LAVISSE (Ed.). Etudes sur l'Histoire de Prusse.
1281 — Histoire politique de l'Europe.
1642 LAYRLE. La Restauration impériale au Japon.
2624 LEBON (André). Cent ans d'histoire intérieure
      (1789-1815).
1643 LEBRUN (G.). Bazeilles et Sedan.

952 LE FAURE. Aux Avant-postes.
2560 LEFÈVRE (André). L'Histoire. Entretiens sur
l'évolution historique.
907 LEGER. Histoire de l'Autriche-Hongrie.
2313 LEJEUNE (Général). De Valmy à Wagram.
2625 LENOTRE (G.). Paris révolutionnaire.
3565 — Vieilles Maisons, Vieux Papiers.
1801 — Le vrai Chevalier de Maison-Rouge.
2859 LE ROUX (Hugues). Marins et soldats.
2045 LEROY-BEAULIEU (A.). Un Empereur, un Roi,
un Pape, une Restauration.
2046 — L'Empire des Tzars et les Russes. 2 vol.
2895 — La France, la Russie et l'Europe.
3473 LEUDET. Nicolas II intime.
2047 LEVY-BRUHL. L'Allemagne depuis Leibnitz.
2284 LISSAGARAY. Histoire de la Commune de 1871.
908 LOCKROY (Ed.). Journal d'une Bourgeoise pendant la Révolution.
1480 — M. de Moltke.
1284 LOIR (M.). La Marine royale en 1789.
1578 LONGNON. Paris pendant la domination an-
glaise.
3404 LOTI (P.). Les Derniers Jours de Pékin.
3474 — L'Inde sans les Anglais.
1644 LUCE (Siméon). La France pendant la guerre
de Cent Ans (2e série).
1285 MACAULAY. Histoire de l'Angleterre depuis
Jacques II. 2 vol.
2329 MAGER (Henri). Cahiers coloniaux de 1789.
445 MAHÉ DE LA BOURDONNAIS (A.). Mémoires
historiques de B.-F. Mahé de la Bourdonnais.
3035 MAISONFORT (Marguerite de la). Souvenirs
d'une Bleue.
885 MANESSE. Les Paysans et leurs seigneurs.
1265 MARBEAU. Slaves et Teutons.
909 MARTIN (H.). Jeanne d'Arc.
2314 MARTIN (Louis). Le Maréchal Canrobert.
910 MASPERO. Histoire de l'Orient.
491 MAUGRAS. Journal d'un Étudiant pendant la
Révolution.
3567 MAULDE LA CLAVIERE. Les Femmes de la
Révolution.
830 MEISSONNIER (Éloge funèbre de).
2940 MENDÈS (Catulle). Richard Wagner.
2292 MENORVAL (E. de). Paris. 3 vol.
2562 — Promenades à travers Paris.
2910 MÉVIL (A.). Samory.
2626 MÉZIÈRES (A.). Récits de l'Invasion.
3750 — Silhouettes de soldats.
911 MICHELET (J.). Les Femmes de la Révolution.
50 — Histoire de France. 19 vol.
25 — Notre France.
2543 MIGNET (M.). Révolution française. 2 vol.
1538 MODESTE (Victor). La nuit du 4 août 1789-
1889.

1540 MODESTE (Victor). Résolutions nouvelles au souvenir de l'Invasion.
1645 MONIN (H.). Journal d'un Bourgeois de Paris (1789).
51 MONPROFIT. Les Coups d'Etat.
1286 MONTEIL (Edg.). Le Rhin allemand.
405 MONTHEUIL. Héros et Martyrs de la Liberté.
3568 NOLHAC (P. de). Louis XV et Madame de Pompadour.
3826 NORMAND. Les Amusettes de l'Histoire.
3832 — Biographies et Scènes historiques.
3569 PARQUIN (Commandant). Souvenirs et Campagnes (1803-1804).
825 PELLETAN (C.). De 1815 à nos jours.
492 PETIT (M.). Les Grands Incendies.
789 — Les Sièges célèbres.
3524 PIERRE (C.). Les Hymnes et Chansons de la Révolution.
3525 — Musique des fêtes et cérémonies de la Révolution.
52 PLUTARQUE. Vie des Hommes illustres de la Grèce. 4 vol.
1779 PORT (Cél.). La Vendée angevine. 2 vol.
3168 POULAINE (Jean de la). Le Colosse aux pieds d'argile.
3130 POUVILLON (E.). Le Roi de Rome.
53 PRAT. Les Exploits du Deux-Décembre.
2576 PROLÈS (Ch.). Delescluze.
2822 — Gustave Flourens.
2823 — Raoul Rigault.
2824 — Le Colonel Rossel.
54 QUINET (Edg.). Histoire de la Révolution. 3 vol.
913 RAMBAUD. Histoire de la Civilisation française. 2 vol.
914 — Histoire de la Civilisation moderne.
912 — Histoire de la Russie.
2577 et 2897 RICHEBOURG (E.) et COLLAS (L.). Les Grands Dévouements.
1762 ROBINET (Docteur). Condorcet.
1287 ROBIQUET (P.). Histoire municipale et populaire de Paris.
407 — Paris et la Ligue.
1820 ROUSSET (C.). Histoire de Crimée. 2 vol.
1580 SAIGE. Journal des Guerres civiles. 2 vol.
55 SAINT-SIMON (Mémoires de). 22 vol.
1800 SEAILLES (G.). Ernest Renan.
2315 SÉGUR (Général comte de). Campagne de Russie.
1288 SEIGNOBOS. Abrégé de la Civilisation depuis les temps les plus reculés.
493 SIEBECKER. Histoire de l'Alsace.
3353 SIMON (J.). Premières années.
2048 SOREL (Alb.). L'Europe et la Révolution française, 1re partie.
915 SORIN. Histoire de l'Italie.
2049 STAEL (Mme de). Considérations sur la Révolution française. 2 vol.

1853 STAPFER. Montaigne.
 712 SUE (Eug.). Jeanne d'Arc.
3367 SZYMANOWSKI (Général). Mémoires.
2050 TAINE (T.). Les Origines de la France contem-
      poraine. T. I.
 441 TESSIER (J.). Etienne Marcel.
2278 TEUTSCH (Ed.). Sur l'annexion de l'Alsace-Lor-
      raine.
 456 THIERRY (Aug.). Récits des Temps mérovin-
      giens.
 408 THIERS (A.). Histoire du Consulat et de l'Em-
      pire. 21 vol.
 917 — Sainte-Hélène.
 916 — Waterloo.
2317 THOMAS (Colonel). L'Armée de Metz.
3284 — A travers une époque.
3283 — Au cours de la vie.
3452 — La Guerre d'Orient. De 1854 à 1855.
1194 THOUMAS. Souvenirs militaires.
 918 TIERSOT. Rouget de l'Isle.
 475 TISSANDIER (G.). Les Martyrs de la Science.
1339 TITE-LIVE. Histoire romaine.
3827 TOUDOUZE. Reine en sabots (1813).
1822 TOURNIER (A.). Gambetta.
2054 UBICINI. La question d'Orient devant l'Eu-
      rope.
1508 VALLERY-RADOT. Monsieur Pasteur.
 919 VERON. Histoire de l'Allemagne.
 920 — Histoire de la Prusse.
2318 VIGNY (Alf. de). Cinq-Mars ou une Conspira-
      tion sous Louis XIII.
3139 VILLE DE PARIS. Centenaire de la Naissance
      de Michelet.
3454 — Délégation du Conseil municipal aux Fêtes
      fédérales de Prague.
2571 — Fêtes officielles de la Ville au Czar.
3392 — Réception de l'Association internationale des
      Académies.
3733 — Réception des Parlementaires scandinaves.
3282 — Le Triomphe de la République.
3671 VILLETARD DE LAGUÉRIE. Trois mois avec
      le maréchal Oyama.
3751 VILLIERS DU TERRAGE. Rois sans couronne.
1499 VIRMAITRE. Paris oublié.
2628 VOLTAIRE. Histoire de Charles XII.
3867 VUILLAUME (Max). Mes Cahiers rouges. 3 vol.
 923 WIMPFFEN (Général de). Bataille de Sedan.
1823 WITT (Mme Cornélis de). Six mois de guerre,
      1870-1871.
1581 — Mémoires de la Société de l'Histoire de Paris
      et de l'Histoire de France. Tomes III, IV, V,
      VI, IX, X, XI, XII, XIII, XIV, XI, XVI.
1582 Bulletin de la Société de l'Histoire de Paris et
      de l'Ile-de-France. 2 vol.
 834 Les Grands Hommes et les Grands Faits de la
      Révolution française.

IV

GÉOGRAPHIE. — MŒURS. — VOYAGES

1011 ABOUT (Edm.). De Pontoise à Stamboul.
2663 ANTAR (M.). En Smaala.
 457 ANTICHAN. La Tunisie.
  14 ANTONINI (P.). Les Chinois peints par un Français.
 924 ARÈNE (J.). La Chine familière.
 925 ARÈNE (P.). Vingt jours en Tunisie.
  15 AUGÉ (L.). Voyage aux sept Merveilles du Monde.
3171 BARD (E.). Les Chinois chez eux.
2629 BARONCELLI (de). Guide des environs de Paris.
3358 BASSIÈRES. Guyane française.
3402 BELLESSORT (A.). La Société japonaise.
3744 — Les Journées et les Nuits japonaises.
  16 BELLOT (J.-R.). Journal d'un Voyageur aux Mers polaires à la recherche de Sir John Franklin.
1824 BELIN DE LAUNAY. Dernier Journal de Livingstone.
2319 BENTZON (Th.). Les Américaines chez elles.
2909 — Choses et gens d'Amérique.
3546 — Promenades en Russie.
1796 BERNARD (A.). Nouvel Atlas historique.
3547 BERNARD (Cap.). A travers Sumatra.
 836 BERNARD (Dr). De Cherbourg à Brest.
 837 — De Lorient à Toulon.
1606 BERTOT (J.). La France en bicyclette
3288 BIANCONI (F.). Le Mexique.
  92 BIART (L.). A travers l'Amérique.
 928 — Le Fleuve d'or.
2083 — La Frontière indienne.
1608 — La Terre chaude.
2276 BLUM (F.). Notices coloniales.
2320 BONVALOT (G.). L'Asie inconnue.
 930 BOUGAINVILLE. Voyages.
3548 BOURDARET. En Corée.
2321 BOURDE (P.). De Paris au Tonkin.
 831 BOURGADE DE LA DARDYE (de). Le Paraguay.
2386 BOURGET (P.). Sensations d'Italie.
 841 BRASSEY. Voyages d'une famille à travers la Méditerranée.
1826 BRUNET (L.). La France à Madagascar.
3364 CAPERON. Saint-Pierre et Miquelon.
2544 CÉALIS (E.). De Sousse à Gafsa.
 495 CERMOISE (P.). Deux ans à Panama.

1609 CHAILLEY-BERT. Colonisation de l'Indo-Chine.
3403 — Dix années de politique coloniale.
 934 CHALAMET. Les Français au Tonkin.
 936 CHAUDOIN. Trois Mois de Captivité au Daho-
      mey.
2055 CLARETIE (J.). Journées de Voyage.
 938 COOK. Le 1er Voyage du Capitaine Cook.
 939 — Le 2e
 940 — Le 3e
3549 COURTELLEMONT. Voyage au Yunnam.
1610 DARYL (P.). Le Monde chinois.
2115 DEGREIGNY (J.). Londres.
2580 DEISS (Ed.). A travers l'Angleterre.
3512 — Un Eté à Londres.
1611 DEMAGE (G.). A travers le Sahara.
3745 DEMOLDER. L'Espagne en auto.
3746 DENNET (G.). De l'Amazone au Pacifique.
  17 DESBAROLLES. Voyage d'un Artiste en Suisse.
1612 DESFONTAINES (J.). 18.000 lieues à travers
      le monde.
2579 DEVILLE (Victor). Partage de l'Afrique.
3155 DIVERS. L'Expansion coloniale.
3662 DOUMER (P.). L'Indo-Chine française.
2902 et 3145 DUBOIS (F.). Tombouctou la Mysté-
      rieuse.
2630 — La Vie au continent noir.
2840 DUBOIS (J.). Compiègne et Pierrefonds.
 496 DUMAS (Al.). Une Année à Florence.
1613 — L'Arabie heureuse. 3 vol.
1290 — Les Baleiniers. 2 vol.
 497 — Les Bords du Rhin. 2 vol.
1614 — Le Caucase. 3 vol.
1292 — Le Corricolo. 2 vol.
2981 — Un Gil Blas en Californie.
1698 — L'Ile de Feu. 2 vol.
1699 — La Maison de Glace. 2 vol.
 498   Le Midi de la France. 2 vol.
1893 — Une Nuit à Florence.
1293 et 1829 — De Paris à Cadix. 2 vol.
2413 — Un Pays inconnu.
2056 — 15 Jours au Sinaï.
 499 — En Russie. 4 vol.
1294 — Le Speronare. 2 vol.
  18 — En Suisse. 3 vol.
1295 — Le Véloce. 2 vol.
1296 — La Vie au désert. 2 vol.
1297 — La Villa Palmiéri.
3664 DURAND (A.). Madagascar par provinces.
3550 FALLEX (M.). L'Afrique au début du xxe siècle.
3551 FALLEX et HEUTGEN. L'Asie au début du
      xxe siècle.
3357 FAMECHON. Guinée française.
3170 FAURE (Lucie). Méditerranée.
1366 FERRY (Gab.). Scènes de la Vie sauvage au
      Mexique.
  19 FLAMMARION (C.). Mes Voyages aériens.

2323 FLERS (Robert de). Vers l'Orient.
3354 FONSSAGRIVES. Dahomey.
 941 FONVIEILLE (W. de). Le Glaçon du Polaris.
 942 FREMINE. Les Français dans les îles de la Manche.
 839 GAFFAREL. Le Sénégal et le Soudan.
1830 GARNIER (Noël). L'Afrique.
2903 GAUTIER (Th.). Constantinople.
2904 — Loin de Paris.
1617 — Voyage en Espagne.
1618 — Voyage en Italie.
1619 — Voyage en Russie.
3852 GAY (E.). La Bohême à vol d'oiseau.
2430 GEFFROY (G.). Pays d'Orient.
3822 GÉRIOLLES. Un Parisien à Java.
 943 GESLIN. Expédition de la *Jeannette* au pôle nord.
 459 GIRARD (J.). Les Rivages de la France.
3289 GOSTROWSKI. Au Mexique.
 840 GRAFFIGNY (de). Récits d'un Aéronaute.
3457 GREBAUVAL. Au Pays alpin.
3387 — Au Pays bleu.
1528 GRÉGOIRE (J.). Nouvelle Géographie générale.
 959 GRENVILLE-MURRAY. Les Russes chez les Russes.
 960 — Les Turcs chez les Turcs.
 944 GROS (J.). Les Explorations des régions polaires.
2289 et 2832 GUÉNIN (E.) La Nouvelle France.
3365 GUESDE (M.-L.). La Guadeloupe et Dépendances.
2548 GUILLEMOT. Villégiatures d'Artistes.
3362 GUY (C.). Les Établissements français de l'Inde.
1832 HABERT (C.). Au Soudan.
3553 HALLAYS (A.). A travers la France.
3552 HEARN (L.). Le Japon inconnu.
2631 HEISSAT et AZAIS. Géographie du Certificat d'études.
3846 HEUDEBERT. Vers les grands Lacs de l'Afrique orientale.
3554 HINZELIN (E.). En Alsace-Lorraine.
3536 HOURST (Lieut. de vaisseau). Dans les rapides du Fleuve Bleu.
3455 HOVELACQUE (A.). Les Nègres de l'Afrique sus-équatoriale.
1234 HUBNER. A travers l'empire britannique. 2 vol.
1298 — Promenade autour du monde. 2 vol.
2324 HUGO (V.). Alpes et Pyrénées.
2325 — France et Belgique.
1833 — Le Rhin. 3 vol.
2632 — Victor Hugo en Zélande.
2170 JACOLLIOT (Louis). Voyage au pays des Bayadères.
 945 — Voyage au pays des Brahmes.
2905 — Voyage au pays des Éléphants.
2545 — Voyage au pays des Fakirs charmeurs.
2906 — Voyage au pays des Hatschisch.

503 JACOLLIOT (Louis). Voyage au pays des Kan-
       gourous.
504 — Voyage aux pays mystérieux.
505 — Voyage au pays des Singes.
506 — Voyage aux rives du Niger.
946 JEANNEST. Quatre années au Congo.
2839 JOANNE (A.). Géographie de l'Aube.
1774 — Géographie de l'Oise.
1300 — Géographie de la Seine.
1783 JOANNE (P.). Dauphiné et Savoie.
1782 — Italie et Centre.
1781 — La Loire.
1784 — Les Pyrénées.
1785 — Stations d'hiver de la Méditerranée.
2631 JUDET. Les petits trous pas chers.
2312 JURIEN DE LA GRAVIÈRE. Les Gueux de
       mer.
947 KINGSTON. Aventures périlleuses chez les
       Peaux-Rouges.
460 KOHN-ABREST. En Algérie.
3460 LABBÉ (D.). Un Bagne russe.
1372 LABOULAYE (E.). Paris en Amérique.
1299 LAMARTINE (A. de). Voyage en Orient. 2 vol.
3359 LANDER. Martinique.
22   LANDRIN. Les Plages de la France.
2633 LANIER. L'Amérique.
2441 LAPAUZE (H.). De Paris au Volga.
2907 LAURIBAR (P. de). Douze ans en Abyssinie.
35   LA VALLÉE. Les Frontières de la France.
2908 LEFÈVRE (Dr E.). Un Voyage au Laos.
2328 LEGRAS (J.). Au pays russe.
953 LELU. En Algérie.
954 LEOUZON LE DUC. L'Ours du Nord.
3172 LE ROUX (H.). Au Sahara.
3555 LEROY-BEAULIEU (P.). La Rénovation de l'A-
       sie.
955 LESSEPS (F. de). Du Kamschatka en France.
842 LEVASSEUR. Les Alpes et les grandes ascen-
       sions.
364 LONLAY (Dick de). En Tunisie.
3748 — Souvenirs historiques du capitaine Krettly.
2909 LORRAIN (J.). Heures d'Afrique.
2740 LOTI (P.). Le Désert.
2187 — Le Maroc.
1303 — Propos d'exil.
357 LOTTIN. Promenades topographiques.
2869 LUCIPIA (L.). Seine et Paris.
3749 LUNET DE LA JONQUIÈRE. Le Siam et les
       Siamois.
3719 LYNCH (J.). Trois ans au Klondike.
3142 MADROLLE (C.). Le Continent noir. En Gui-
       née.
2330 MALOSSE (Louis). Impressions d'Egypte.
2609 MANDAT-GRANÇAY. (Baron de). Chez John
       Bull.
461 MANGIN (A.). Voyage à la Nouvelle-Calédonie.

507 MARION (F.). Les Ballons et les Voyages aériens.
1301 MARTIN (Alexis). Paris-Promenade.
2896 — Promenades et Excursions dans les environs de Paris (Région de l'Est).
1510 — — (Région du Nord).
956 — — (Région de l'Ouest). T. 1.
3687 — — — T. II.
3556 — — (Région du Sud).
1834 — Une visite à Beauvais.
1835 — Une visite à Orléans.
1836 — Une visite à Versailles.
3686 — Tout autour de Paris.
2749 MARTIN (Félix). Le Japon vrai.
1837 MARTINEAU (A.). Madagascar.
1606 MASSAT DE BASSILAN. L'Amérique inconnue.
3461 MATHUISIEULX. A travers la Tripolitaine.
2607 MEISCHKE (Smith.). Croquis chinois.
1838 MELLION (A.). Le Désert.
23 MEUNIER (V.). Les Grandes Chasses.
24 — Les Grandes Pêches.
508 MILLAUD. Voyages d'un fantaisiste.
3173 MILLE (P.). Au Congo belge.
1511 MIRMANDE (P.). Souvenirs d'un échappé de Panama.
958 MULLER. Un Français en Sibérie.
2552 NANSEN (Fridtjof). Vers le Pôle.
1624 NAVERY (G. de). Les Naufrageurs.
3557 NETON (A.). L'Indo-Chine.
2575 NEUFVILLE (P. de). Un Voyage en Indo-Chine.
3356 NICOLAS (P.). Indo-Chine.
3306 — Notes sur la vie française en Cochinchine.
1625 NIOX (Colonel). L'Expansion européenne.
3739 PAVIE (A.). Mission Pavie. 5 vol.
1768 PEIFFER (E.). Recherches des noms de lieux.
2635 PERRODIL (Ed. de). A travers les Cactus.
3558 PETIT (Dr L.). Dix ans de Touring-Club.
509 PFEIFFER. Voyage autour du Monde.
510 PIGAFFETTA. Premier Voyage autour du Monde de Magellan.
3559 PINON (R.). L'Empire de la Méditerranée.
2611 POIRE (E.). L'Emigration française aux colonies.
1839 PORCHER (J.). Le Pays des Camisards.
3727 POUJOL (Ch.). Quelques jours en Amérique.
3174 QUILLARDET. Les Suédois et les Norvégiens chez eux.
2555 QUINET (Mme Edg.). De Paris à Edimbourg.
1460 RECLUS (E.). Les Continents (Mers et Météores).
1459 — Les Continents (Phénomènes terrestres).
26 — France — Algérie — Colonies.
27 — La Terre à vol d'oiseau. 2 vol.
3462 REIBELL. Le commandant Lamy.

   28 RIVIERE (Henri). Souvenirs de la Nouvelle-
         Calédonie.
  961 ROBERTSON. La découverte de l'Amérique.
 3463 ROOSEVELT (Th.). Chasses et parties de chas-
         ses.
 1626 ROUSSET (L.). A travers la Chine.
 3355 ROUX (Ch.). Madagascar.
 2331 SAINT-CÈRE (J.). L'Allemagne telle qu'elle est.
 2911 SALLES (Ant.). Voyage au pays des Fjords.
 2898 SEELEY (J.-B.). L'Expansion de l'Angleterre.
  964 STANLEY. Lettres.
  965 TAINE (T.). Voyages aux Pyrénées.
  966 — Voyage en Italie. 2 vol.
   30 TISSANDIER (G.). Histoire de mes ascensions.
  843 TISSOT (V.). Curiosités de l'Allemagne du Nord.
  844 — — du Sud.
  967 — De Paris à Berlin.
 1627 — Au pays des glaciers.
 3175 — Les 7 plaies et les 7 beautés de l'Italie con-
         temporaine.
 1628 — La Suisse inconnue.
 2914 — Vienne et la vie viennoise.
  362 — Voyage aux pays annexés.
  363 — Voyage au pays des Milliards.
 1153 TOURGUÉNEFF. Terres vierges.
 3560 TOUTÉE (Comm*). Du Dahomey au Sahara.
 1840 TRÉBUCHET (L.). Les baies de Saint-Malo et
         de Saint-Brieuc.
 1629 TRIVIER (E.). Mon voyage au continent noir.
 3464 VAULX (H. de la). Seize mille kilomètres en
         ballon.
  968 VERNE (J.). Le Chemin de France.
  969 — Histoire des grands Voyages et des grands
         Voyageurs. 2 vol.
   31 — Les Navigateurs du XVIII* siècle. 2 vol.
   32 — Les Voyageurs du XIX* siècle. 2 vol.
  970 VIDAL-LABLACHE. Etats et Nations de l'Eu-
         rope.
  971 — La Terre.
 1524 VIGNÉ D'OCTON. Au pays des Fétiches.
 3176 — Journal d'un Marin.
 3360 VIGNÉRAS. Côte française des Somalis.
 3361 — Les Etablissements français de l'Océanie.
   33 WEISS. Au Pays du Rhin.
 3465 WEULERSSE. Le Japon d'aujourd'hui.
  511 ZURCHER et MARGOLLÉ. Ascensions célèbres.
  512 — Naufrages célèbres.
 2842 — La Savoie pittoresque.

V

LITTÉRATURE. — POÉSIE. — THÉATRE

2332 ABOUT (Edmond). Le xixᵉ siècle.
 972 — Lettres d'un bon jeune homme.
2948 et 3860 AICARD (J.). L'Ame d'un enfant.
1502 — Don Juan, 1889.
3496 ALBALAT. L'Art d'écrire en vingt leçons.
3570 — La Formation du style.
3466 — Le Travail du style.
1304 ALBERT (P.). La Poésie.
 513 — La Prose. — Etudes.
2917 ANCEY (G.). L'Avenir.
1562 AUBERT (O.). Pour nos chers enfants.
  56 AUGIER (E.). Théâtre complet. 7 vol.

> Tome Iᵉʳ. La Ciguë. Un Homme de bien. L'Aventurière. Gabrielle. Le Joueur de flûte. Sapho.
> Tome II. Philiberte. La Jeunesse. Diane. Paul Forestier.
> Tome III. Le Gendre de M. Poirier. La Pierre de touche. Ceinture dorée. Le Mariage d'Olympe.
> Tome IV. Les Lionnes pauvres. Un beau Mariage. Les Effrontés.
> Tome V. Le Fils de Giboyer. Le Post-Scriptum. L'Habit vert. La Contagion.
> Tome VI. Maître Guérin. Lions et Renards. Madame Caverlet.
> Tome VII. Jean de Thommeray. Les Fourchambault. Le Prix Martin.

2919 BALZAC (H. de). Théâtre. 2 vol.

> Tome Iᵉʳ. Vautrin. Les Ressources de Quinola. Paméla Giraud.
> Tome II. La Marâtre. Mercadet.

  58 BANVILLE (Th. de). Les Cariatides.
 514 — Contes bourgeois.
2954 — Contes féeriques.
2955 — Contes héroïques.
  57 — Les Exilés.
2077 — Idylles prussiennes.
2668 — Mes Souvenirs.
  60 — Nous tous.
  59 — Odes funambulesques.
2078 — Paris vécu.
  61 — Sonnailles et Clochettes.
 365 BARBIER. Iambes.
1841 BARRIERE (Th.) et CAPENDU. Les faux bonshommes.
2920 BATAILLE (H.). Ton Sang. — La Lépreuse.
2921 BAUDELAIRE (Ch.). Les Fleurs du Mal.
  62 BEAUMARCHAIS (C. de). Théâtre.

2333 BECQUE (H.). Théâtre complet. 2 vol.
    Tome Ier. Sardanapale. L'Enfant prodigue. Michel Pauper. La Navette.
    Tome II. Les Honnêtes Femmes. Les Corbeaux. La Parisienne.

  64 BÉRANGER. Dernières Chansons.
  63 — Œuvres. 2 vol.
  65 BERNARDIN DE SAINT-PIERRE. Œuvres choisies.
3292 BERNSTEIN. Le Marché.
3293 BISSON (A.). Le député de Bombignac.
2334 — La famille Pont-Biquet.
3571 BJORNSON. Au-dessus des forces humaines.
  66 BOILEAU-DESPRÉAUX. Œuvres complètes. 2 vol.
2922 BORNIER (Henri de). Le Fils de l'Arétin.
 973 — La Fille de Roland.
 891 BOSSUET. Discours sur l'Histoire universelle.
  67 — Oraisons funèbres et Panégyriques.
3572 BOUCHOR (M.). Contes populaires. T. I.
3688 — — T. II.
2335 et 2637 BRIEUX (Eugène). Blanchette.
2336 — L'Evasion.
3372 — La Petite Amie.
3294 — Les Remplaçantes.
3295 — La Robe rouge.
2540 BRISSON (Adolphe). Portraits intimes.
2923 — — 2e et 3e séries. 2 vol.
1646 BRUNETIÈRE (Ferdinand). Etude critique sur l'Histoire de la Littérature française, 5e série.
3296 CAPUS (A.). La Bourse ou la Vie.
3573 — La Veine.
 484 CARO. Jours d'épreuve.
2337 et 2862 CASE (J.). La Vassale.
 152 CHATEAUBRIAND (de). Atala. — René. — Le Dernier des Abencerrages.
 153 — Les Martyrs. 2 vol.
1307 CICÉRON. Les Catilinaires (latin-français).
1647 — Choix de Lettres.
1306 — Dialogue sur l'Amitié (latin-français).
1648 — Plaidoyer pour Milon (latin-français).
1649 — Plaidoyer pour Muréna (latin-français).
1650 COLOMBEY (E.). L'Esprit au Théâtre.
1059 COPPÉE (F.). Henriette.
2685 — Longues et Brèves.
2638 — Le Luthier de Crémone.
2339 — Poésies.
1842 — Pour la Couronne.
1843 — Sévéro Torelli.
3177 — A voix haute.
  68 CORNEILLE (P.). Théâtre.
  69 COURIER (P.-L.). Œuvres.
2639 COURTELINE (G. de). Boubouroche.
2921 — Un Client sérieux.
2687 — Le Train de 8 h. 47.

2827 COUTANT (L.-C.). Morceaux choisis de Littérature française.
3373 CUREL (Fr.). La Fille sauvage.
3297 — La Nouvelle Idole.
1999 DAMEDOR. La Lyre d'airain.
1997 — Miscellanées.
1998 — Poèmes humanitaires.
71 et 3728 DANTE. La Divine Comédie.
2925 DAUDET (Alphonse). L'Arlésienne.
2057 — L'Obstacle.
2111 — Souvenirs d'un homme de lettres.
2109 DAUDET (Alphonse) et HENNIQUE. La Men-
teuse.
3165 DELAPORTE (Henri). Le Devoir.
975 DELTOUR. Histoire de la Littérature grecque.
976 — Histoire de la Littérature romaine.
1305 DEMOGEOT. Francesca de Rumini.
1308 — Histoire des Littératures étrangères. 2 vol.
72 — Histoire de la Littérature française.
1651 DÉMOSTHÈNE. Discours sur la Couronne (grec-
français).
1309 — Les trois Olynthiennes (grec-français).
1310 — Les quatre Philippiques (grec-français).
870 DESCARTES. Œuvres choisies.
3797 DESCHAMPS (G.). Le Rythme de la Vie.
2340 — La Vie et les Livres (2º série).
2927 — — 3 vol.
3395 DIDEROT. Morceaux choisis.
2694 — La Religieuse.
1229 DOLENT. Amoureux d'art.
2640 DONNAY (M.). L'Affranchie.
3574 — L'Autre Danger.
2341 — Amants.
2658 — La Douloureuse.
2342 — Lysistrata.
2928 — Le Torrent.
3298 DONNAY (M.) et DESCAVES (L.). La Clai-
rière.
1804 DOUMIC (René). Écrivains d'aujourd'hui.
2343 — Les jeunes.
74 DUMAS (A.). Louis XIV et son siècle. 4 vol.
76 DUMAS (A.) fils. Théâtre complet. 6 vol.

> Tome Ier. Dame aux Camélias. Diane de Lys. Le Bijou
> de la Reine.
> Tome II. Le Demi-Monde. La Question d'argent.
> Tome III. Le Fils naturel. Un Père prodigue.
> Tome IV. L'Ami des Femmes. Les Idées de Mme Aubray.
> Tome V. Une Visite de noces. La Princesse Georges.
> La Femme de Claude.
> Tome VI. Monsieur Alphonse. L'Étrangère.

977 DUSOLLIER. Nos Gens de lettres.
204 ERCKMANN-CHATRIAN. L'ami Fritz.
211 — La Guerre.
1311 — Le Juif polonais.
1312 — Les Rantzau.
1313 ESCHYLE. Les Tragédies.

1314 EURIPIDE. Théâtre et Fragments. 2 vol.
 462 FÉNELON (de). Les Aventures de Télémaque.
1844 FEUILLET (O.). Scènes et Comédies.
1845 — Scènes et Proverbes.
3798 FOULON DE VAULX. L'Accalmie.
3799 — Le Jardin désert.
3800 — Les Lèvres pures.
3801 — Les Vaines Romances.
3802 — La Vie éteinte.
2344 FRARY (R.). Essais de critique.
3722 FRÉMINE (Ch.). Poèmes et Récits.
 446 GALLET (P.-L.). Patria.
2712 GAUTIER (Th.). Caprices et Zigzags.
1652 — Emaux et Camées.
1653 — Les Grotesques.
2713 — Nouvelles.
1654 — Poésies complètes. 2 vol.
 978 GIDEL. L'Art d'écrire.
2153 GINISTY (P.). Un Petit Ménage.
  79 GŒTHE. Faust et le second Faust.
1316 — Hermann et Dorothée.
1656 — Iphigénie en Tauride.
1315 — Werther, Hermann et Dorothée.
 979 GRENET-DANCOURT. Monologues.
2929 GUINON (Albert). Le Partage.
2346 HALÉVY (L.). Notes et Souvenirs.
2641 HARAUCOURT. Don Juan de Manara.
2642 HAUPTMANN. Les Tisserands.
  80 HEINE (Henri). Allemands et Français.
2930 — Poèmes et Légendes.
2843 HÉMON (Félix). Littérature. La Fontaine.
1846 HÉRÉDIA (de). Les Trophées.
2434 HERMANT (A.). La Carrière.
2435 — Les Transatlantiques.
 980 HÉRODOTE. Morceaux choisis.
2724 HERVIEU (P.). L'Armature.
3803 — La Rivale. — L'Enigme.
2931 — Les Tenailles.
  81 HOMÈRE. L'Iliade.
  82 — L'Odyssée.
  83 HORACE. Œuvres complètes.
1318 HUGO (V.). L'Ane.
1658 — Angelo.
 516 — L'Année terrible.
2644 — Les Années funestes.
1319 — L'Art d'être grand-père.
2060 — Avant l'Exil. 2 vol.
1320 — Les Burgraves.
2058 — Les Chansons des Rues et des Bois.
2059 — Les Chants du Crépuscule.
  84 — Les Châtiments.
  85 — Les Contemplations. 2 vol.
1659 — Cromwell.
2062 — Depuis l'Exil. 4 vol.
1321 — Les Enfants.

1322 HUGO (V.). Les Feuilles d'automne.
2646 — La Fin de Satan.
981 — Hernani.
982 — La Légende des siècles. 4 vol.
3299 — Lettres à la Fiancée
983 — Lucrèce Borgia.
1323 — Marie Tudor. La Esméralda.
984 — Marion Delorme.
985 — Odes et Ballades.
986 — Les Orientales.
987 — Le Pape.
2061 — Pendant l'Exil. 2 vol.
988 — Les Rayons et les Ombres.
989 — Le Roi s'amuse.
990 — Ruy-Blas.
2647 — Le Théâtre en liberté.
991 — Torquemada.
1661 — Toute la Lyre. 2 vol.
1324 — Les Voix intérieures.
1660 — William Shakespeare.
2728 HUYSMANS (J.-K.). La Cathédrale.
3574 IBSEN (H.). Le Canard sauvage.
2347 — Le petit Eyolf.
2932 — Les Revenants.
1325 JOLIET (Ch.). Nouveaux jeux d'esprit.
1326 JULLIEN (B.). L'Harmonie du Langage.
1327 — Thèses de Critique et Poésies.
1329 — Thèses de Littérature.
3374 JULLIEN (J.). L'Ecolière.
3375 — La Poigne.
518 LABICHE (E.). Théâtre complet. 10 vol.

Tome I. Un Chapeau de paille d'Italie. Le Misanthrope et l'Auvergnat. Edgar et sa bonne. La Fille bien gardée. Un Jeune Homme pressé. Deux papas très bien. L'Affaire de la rue de Lourcine.

Tome II. Le Voyage de M. Périchon. La Grammaire. Les Petits Oiseaux. La Poudre aux yeux. Les Vivacités du capitaine Tic.

Tome III. Célimare le Bien Aimé. Un Monsieur qui prend la mouche. Frisette. Mon Isménie. J'invite le colonel. Le Baron de Fourchevif. Le Club champenois.

Tome IV. Moi. Les 2 Timides. Embrassons-nous, Folleville. Un Garçon de chez Véry. Maman Sabouleux. Les Suites d'un premier lit. Les Marquises de la Fourchette.

Tome V. La Cagnotte. La Perle de la Cannebière. Le Premier Pas. Un Gros Mot. Le Choix d'un gendre. Les 37 sous de M. Montaudouin.

Tome VI. Le plus heureux des trois. La Commode de Victorine. L'Avare en gants jaunes. La Sensitive. Le Cachemire, X. B. T.

Tome VII. Les trente millions de Gladiator. Le Petit Voyage. 29 degrés à l'ombre. Le Major Cravachon. La Main leste. Un Pied dans le Crime.

Tome VIII. Les Petites Mains. Deux Merles blancs. La Chasse aux corbeaux. Un Monsieur qui a brûlé une dame. Le Clou aux Maris.

Tome IX. Doit-on le dire? Les Noces de Bouchencœur. La station Chambaudet. Le Point de mire.

Tome X. Le Prix Martin. J'ai compromis ma femme. La Cigale chez les Fourmis. Si jamais je te pince. Un Mari qui lance sa femme.

1662 LACROIX (J.). Théâtre. 3 vol.

> Tome I. Œdipe roi. Le Testament de César.
> Tome II. Valéria. La Jeunesse de Louis XI.
> Tome III. Macbeth. Le roi Lear.

3129 LA FONTAINE (J.). Fables.
1330 LAMARTINE (A. de). Les Confidences.
1331 — Harmonies poétiques et religieuses.
  86 — Jocelyn.
1332 — Nouvelles Méditations poétiques.
1333 — Premières Méditations poétiques.
3804 LANDAY (M.). La Loi de Pardon.
1663 LARROUMET (Gust.). Marivaux. Sa vie. Ses
  œuvres.
 409 LAURENT-PICHAT. Les Réveils.
3405 et 3576 LAVEDAN (H.). Le Marquis de Priola.
2349 — Le Prince d'Aurec.
1664 LECONTE DE LISLE. Les Erinnyes.
1514 — Poèmes antiques.
1515 — Poèmes barbares.
  88 LEGOUVÉ (E.). Conférences parisiennes.
3300 LEMAIRE (J.). Le Petit Lord.
2934 LEMAITRE (J.). L'Aînée.
3805 — Bertrade.
 993 — Les Contemporains. 5 vol.
2935 — Les Contemporains. 2 vol.
2063 - - Impressions de théâtre. 9 vol.
2936 — Le Pardon.
3806 - - Théâtre. T. I.
1665 LESSING. Extrait de la Dramaturge de Ham-
  bourg (traduction française).
2937 LOTI (P.). Judith Renaudin.
 520 LUCIEN. Dialogues sur les morts.
1666 LUCRÈCE. Morceaux choisis (traduction française).
3380 MAETERLINCK. Monna Vanna.
3377 — La Vie des Abeilles.
3730 et 90 MAISTRE (X. de). Œuvres complètes.
2938 MALLARMÉ (Steph.). Vers et prose.
3807 MAZEL. Ce qu'il faut lire dans sa vie.
1667 MEILHAC et HALÉVY. La Boule.
1668 — Les Brigands.
2648 — Décoré.
1669 - - Froufrou.
1670 — Tricoche et Cacolet.
3406 — Théâtre. 8 vol.
2939 MENDÈS (Catulle). Médée.
2941 MEURICE (P.). Struensée.
  91 MILTON. Le Paradis perdu.
3638 MIRBEAU (O.). Les Affaires sont les Affaires.
2649 — Les Mauvais Bergers.
  92 MOLIÈRE. Œuvres complètes. 3 vol.

> Tome I. La Jalousie du Barbouillé. Le Médecin volant.
> L'Étourdi. Le Dépit amoureux. Les Précieuses ridicules.
> Sganarelle. Don Garcie de Navarre. L'École des Maris.
> Les Fâcheux. L'École des Femmes. La Critique de l'École

des Femmes. L'Impromptu de Versailles. Le Mariage forcé.

Tome II. La Princesse d'Elide. Don Juan. L'Amour médecin. Le Misanthrope. Le Médecin malgré lui. Mélicerte. Pastorale comique. Le Sicilien. L'Imposteur ou le Tartuffe. Amphitryon. Georges Dandin. L'Avare.

Tome III. M. de Pourceaugnac. Les Amants magnifiques. Le Bourgeois gentilhomme. Psyché. Les Fourberies de Scapin. La Comtesse d'Escarbagnas. Les Femmes savantes. Le Malade imaginaire. Poésies diverses.

853 MONNIER. Scènes populaires.

93 MONTESQUIEU (Ch. de). Œuvres complètes. 3 vol.

3808 MORÉAS (J.). Les Stances.

94 MUSSET (Alf. de). Comédies et Proverbes. 3 vol.

Tome I. La Nuit vénitienne. André del Sarto. Les Caprices de Marianne. Fantasio. On ne badine pas avec l'amour. Barberine.

Tome II. Lorenzaccio. Le Chandelier. Il ne faut jurer de rien.

Tome III. Un Caprice. Il faut qu'une porte soit ouverte ou fermée. Louison. On ne saurait penser à tout. Carmosine. Bettine.

2942 — Œuvres posthumes.
2064 — Poésies nouvelles.
2065 — Premières poésies.
2650 NADAUD (G.). Chansons.
1847 — Théâtre de fantaisie.
2356 NIBOR-YANN. Gens de Mer.
521 OVIDE. Morceaux choisis des Métamorphoses.
3301 PAILLERON (E.). Cabotins.
522 — Le Monde où l'on s'amuse.
523 — Le Monde où l'on s'ennuie.
3352 PARIGOT (H.). Morceaux choisis de V. Hugo.
3578 — Théâtre choisi des auteurs comiques du XVIIe et du XVIIIe siècle.
3168 PARODI (A.). Le Pape.
1848 — Théâtre. 2 vol.

Tome I. Ulm. Le Parricide. Rome vaincue. Séphora.
Tome II. La jeunesse de François Ier. La Reine Juana. Le Triomphe de la Paix.

95 — Le Théâtre en France.
3179 — Vaincus et Vainqueurs.
97 PELLICO (Sylvio). Mes Prisons, suivies des Devoirs des hommes.
2866 PIRON. Œuvres.
1335 PLATON. Apologie de Socrate.
1673 — Phédon.
2651 PORTO-RICHE (G. de). Le Passé.
3162 PRINCET (Jules). Cendrillon.
3163 — Jardins de l'enfant.
3164 — Les Yeux bleus.
3515 PRIVAS (X.). Chansons des Enfants du Peuple.
284 RABELAIS. Œuvres complètes.
98 RACINE (J.). Œuvres complètes. 3 vol.

Tome I. La Thébaïde. Alexandre. Andromaque. Les

Plaideurs. Britannicus. Bérénice. Bajazet. Mithridate. Iphigénie.
Tome II. Phèdre. Esther. Athalie. Poésies. Lettres.
Tome III. Œuvres diverses en prose.

3809 RAYNAUD. La Couronne des Jours.
  99 REGNARD. Théâtre.
1674 REINACH (Jos.). Le « Conciones » français.
 100 RENAN (E.). Souvenirs d'enfance et de jeunesse.
2943 RICHEPIN (J.). La Bombarde.
 995 — La Chanson des Gueux.
2352 — Le Chemineau.
 996 — Le Flibustier.
1131 — Madame André.
 997 — Maître Scapin.
2652 — La Martyre.
 998 — Nana Saïb.
2944 — Les Truands.
1338 RICQUIER (L.). Eléments de Littérature française.
 101 et 992 — Scènes classiques et modernes.
3302 ROSTAND (E.). L'Aiglon.
2653 — Cyrano de Bergerac.
2067 — La Princesse lointaine.
2654 — Les Romanesques.
2353 — La Samaritaine.
1980 RUFFIN (Alf.). Chats et nouveaux chats.
3810 RUSKIN (J.). Sésame et les Lys.
1001 SAINTE-BEUVE. Portraits de Femmes.
1002 — Portraits littéraires. 3 vol.
 358 SALLUSTE. Jugurtha.
 102 — Œuvres choisies.
1849 SAND (George). François le Champi.
1850 — Le Marquis de Villemer.
1851 SANDEAU (J.). Mlle de la Seiglière.
 104 SARDOU (V.). La famille Benoiton.
1852 — Les Ganaches.
1676 — Nos bons Villageois.
1000 — Nos Intimes.
 105 — Patrie.
 106 — Séraphine.
3579 — La Sorcière.
2354 SARDOU (V.). et DE NAJAC (E.). Divorçons.
 525 SAYOUS (A.). Principes de Littérature.
 313 SCARRON (P.). Le Roman comique.
 526 SCHILLER. Théâtre complet. 3 vol.

Tome I. Les Brigands. La Conjuration de Fiesque. L'Intrigue et l'Amour.
Tome II. Don Carlos. Marie Stuart. La Pucelle d'Orléans.
Tome III. Wallenstein. La Fiancée de Messine. Guillaume Tell.

 527 SÉVIGNÉ (Mme de). Lettres choisies.
 107 SHAKESPEARE. Chefs-d'œuvres. 3 vol.

Tome I. La Vie et la Mort de Richard III. Le Marchand de Venise. Roméo et Juliette.

Tome II. Henri IV. Hamlet. Prince de Danemark. Othello ou le More de Venise.
Tome III. Le roi Lear. Macbeth. Jules-César.

2775 SILVESTRE (A.). Les Aurores lointaines.
108 — La Chanson des Heures.
109 — Le Pays des Roses.
2656 — Les Renaissances.
2068 — Roses d'Octobre.
2776 — Les Tendresses.
2355 SILVESTRE et MORAND (E.). Griselidis.
1233 SIMON (E.). A la Femme.
1677 SOPHOCLE. Tragédies (en français).
1337 STAHL (P.-J.). L'Esprit des femmes.
711 STERNE. Voyage sentimental.
1003 SULLY-PRUDHOMME. Les Epreuves.
1854 TAINE (T.). Derniers Essais de critique et d'histoire.
111 TASSE (Le). La Jérusalem délivrée.
1004 TÉRENCE. Les Adelphes..
1678 TITE-LIVE. Histoire romaine.
1005 — Narrationes.
2557 TRENARD (F.). Ave.
2356 TRUFFIER (J.). Les Deux Palémon.
528 VACQUERIE (A.). Théâtre complet. 2 vol.

Tome I. Tragaldabas. Les Funérailles de l'Honneur.
Tome II. Souvent homme varie. Jean Baudry. Le Fils.

3180 VERHAEREN (E.). Poèmes (3º série).
2357 VERLAINE (P.). Choix de Poésies.
3580 VESCO (E.). Comédies et Proverbes.
112 VIRGILE. Œuvres complètes.
3581 VITOUX (G.). Le Théâtre de l'Avenir.
1679 VOGUÉ (M. de). Regards historiques et littéraires.
3396 VOLTAIRE. Œuvres choisies.
922 — Le Siècle de Louis XIV.
1006 — Théâtre.
3303 WOLFF (P.). Leurs Filles.
1007 XÉNOPHON. L'Anabase.

VI

ROMANS. — CONTES. — NOUVELLES

113 ABOUT (Edmond). Le Cas de M. Guérin.
529 — Le Fellah.
114 — Germaine.
115 — L'Homme à l'oreille cassée.
530 — L'Infâme.
118 — Madelon.

531 ABOUT (Edmond). Maître Pierre.
116 — Les Mariages de Paris.
532 — Les Mariages de Province.
1008 — Le Mari imprévu.
1010 — Le Marquis de Lanrose.
117 — Le Nez d'un notaire.
119 — Le Roi des Montagnes.
120 — Le Roman d'un brave homme.
121 — Tolla.
533 — Trente et Quarante.
122 — Le Turco.
1009 — Les Vacances de la Comtesse.
1012 ACHARD (Amédée). Belle-Rose.
534 — La Cape et l'Epée.
123 — Droit au but.
124 — L'Eau qui dort.
2069 — Les Femmes honnêtes.
535 — Maurice de Treuil.
126 — Noir et blanc.
2070 — Les petits-fils de Lovelace.
127 — La Robe de Nessus.
536 — La Toison d'or.
537 — Les Vocations.
3752 ACKER. La Petite Madame de Thianges.
2359 ADAM (Paul). La Bataille d'Uhde.
2946 — Les Cœurs nouveaux.
2659 — Les Cœurs utiles.
3377 — L'Enfant d'Austerlitz.
2497 — La Force.
2360 — La Force du Mal.
2660 — Le Mystère des foules. 2 vol.
3690 — Le Serpent noir.
2361 — Le Vice filial.
2362 AICARD (J.). L'Eté à l'ombre.
3181 — Mélita.
2916 — Miette et Noré.
1596 AIMARD. Balle-Franche.
1855 — Les Bisons blancs.
1599 — Les Bohèmes de la Mer.
540 — Les Chasseurs d'abeilles.
1013 — Le Cœur loyal.
367 — Le Cœur de Pierre.
1605 — Le Commandant Delgrès.
1015 — Le Désert.
1856 — L'Eau qui court.
1438 — L'Enigme.
1014 — Fanny Dayton.
2899 — La Fièvre d'or.
1601 — Le Forestier.
2363 — Le Fort Duquesne.
2364 — Les Francs-Tireurs.
2071 — Les Gambucinos.
1434 — Les Guaranis.
2072 — La Mas-Horca.
1435 — Le Montonero.

1604 AIMARD. L'Œil-Gris.
2365 — L'Oiseau-Noir.
1436 — L'Ollonnais.
1603 — Ourson Tête-de-Fer.
1598 — Les Outlaws du Missouri.
2366 — Les Rôdeurs de frontières.
2367 — Le Roi des Placers d'or.
2073 — Rosas.
2074 — Sacramenta.
1439 — Le Sacripant.
2363 — Le Serpent de Satin (suite du Fort Duques-
         ne).
1602 — Les Titans de la Mer.
541   — Valentin Guillois.
366   — Les Vauriens du Pont-Neuf.
1016 — Le Vautour-Fauve.
1437 — Vent-en-Panne.
542   — Zéno Cabral.
3689 ALBALAT. L'Impossible Pardon.
3182 ALLAIS (A.). L'Affaire Blaireau.
2949 ALLAIS (H.). Histoires pénales.
3582 ANDRÉIEF (L.). L'Epouvante.
2950 ANNUNZIO (d'). L'Enfant de Volupté.
3796 — La Fille de Jorio.
2368 — L'Intrus.
2369 — Le Triomphe de la Mort.
2662 — Les Vierges aux Rochers.
2918 — La Ville Morte.
3753 ARDEL (H.). L'Absence.
3583 — Le Mal d'aimer.
2371 ARÈNE (Paul). Au Bon Soleil.
2372 — La Chèvre d'or.
2373 — La Gueuse parfumée.
3183 — Le Midi bouge.
368   ASSOLANT (Alfred). Chiffon.
544   — Léa.
1422 AUGUSTIN-THIERRY (G.). La Bien Aimée.
1423 — Le Capitaine Sans-Façon.
2075 — Marfa.
2076 — Le Masque.
2316 — La Savelli.
3097 — Le Stigmate.
2374 AUVRAY. Les Gens d'Epinal.
3585 AUZIAS-TURENNE. Le Dernier Mammouth.
3584 AVESNES. Journal de bord d'un Aspirant.
1858 BADIN (Ad.). Petits Côtés d'un grand drame.
2079 BALZAC (H. de). Argov le Pirate.
1680 — Béatrix.
1017 — Les Célibataires, 2 vol.
545   — Le Centenaire.
129   — César Birotteau.
546   — Les Chouans.
1681 — Le Colonel Chabert.
1859 — Contes drôlatiques, 3 vol.
547   — Le Contrat de Mariage.

130 BALZAC (H. de). Le Cousin Pons.
131 — La Cousine Bette.
132 — Le Curé de village.
1340 — Le Député d'Arcis. 2 vol.
1860 — La Dernière Fée.
133 — La Dernière Incarnation de Vautrin.
2080 — Dom Gigalas.
1341 — Les Employés.
548 — L'Enfant maudit.
1682 — L'Envers de l'Histoire.
134 — Eugénie Grandet.
549 — L'Excommunié.
1683 — La Fausse Maîtresse.
550 — La Femme de 30 ans.
2951 — Une Fille d'Eve.
2665 — L'Héritière de Birague.
135 — Histoire des Treize.
2666 — Honorine.
1018 — Illusions perdues. 2 vol.
1342 — L'Illustre Gaudissart.
1861 — L'Israélite.
551 — Jane la Pâle.
2081 — Jean-Louis.
1684 — Louis Lambert.
1019 — Le Lys de la Vallée.
136 — La Maison du Chat qui pelote.
1020 — La Maison Nucingen.
1862 — Les Marana.
1021 — Le Médecin de Campagne.
1685 — Mémoires de deux jeunes Mariées.
1686 — Un Ménage de Garçon.
1022 — Modeste Mignon.
1023 — La Paix du Ménage.
137 — Les Parisiens en province.
1343 — Les Paysans.
1024 — La Peau de chagrin.
138 — Le Père Goriot.
1344 — Les Petits Bourgeois. 2 vol.
2667 — Petites Misères de la Vie conjugale.
2952 — Physiologie du Mariage.
1025 — La Recherche de l'Absolu.
1026 — Les Rivalités.
2953 — Séraphita.
1027 — Splendeurs et Misères des courtisanes.
1863 — Une Ténébreuse Affaire.
1028 — Ursule Mirouet.
139 — Le Vicaire des Ardennes.
1345 — La Vieille Fille.

515 BANVILLE (Th. de). Contes pour les Femmes.
2375 — La Lanterne magique.
2669 — La Vie d'une Comédienne.
2082 BARBEY D'AUREVILLY. Le Chevalier des Touches.
2376 — Les Diaboliques.
1864 BARINE. Bourgeois et Gens de peu.

1802 BARNEVILLE. Le Grand Sylvain.
2670 BARRÈS (M.). Les Déracinés.
2671 — L'Ennemi des Lois.
2672 — Un Homme libre.
2956 — Le Jardin de Bérénice.
2957 — Du Sang, de la Volupté et de la Mort.
2673 — Sous l'œil des Barbares.
2377 BAUER (H.). Une Comédienne.
3754 BAUMANN. Les Martyrs de Lyon.
2664 BAYARD. Vainqueurs et Vaincus.
3586 BAZIN (R.). Contes de Bonne Perrette.
3587 — Le Guide de l'Empereur.
3407 — Les Oberlé.
3755 BEAUME (G.). La Bourrasque.
3588 BEAUREGARD (G. de). La Proie pour l'Ombre.
 552 BEECHER STOWE (Harriet). La Case de l'On-
     cle Tom.
2161 — La Fiancée du Ministre.
2674 BELESSORT. Reine Cœur.
 371 BELOT (Ad.). L'Article 47.
1865 — Chère Adorée.
3756 BELZAC. Le Crime du Fantôme.
 553 BENTZON (Th.). Contes de tous les Pays.
3475 BERGERAT (E.). Faublas malgré lui.
1029 BERNARD (Ch. de). L'Ecueil.
 140 — Le Gentilhomme campagnard. 2 vol.
1030 — Gerfaut.
 141 — Le Nœud gordien.
2378 La Peau du Lion.
3185 BERNARD (Tristan). Mémoires d'un Jeune
     Homme rangé.
 554 BERSEZIO. Nouvelles piémontaises.
2958 BERTAUX (Ferdinand). La Belle Picarde.
3757 — La Tard-Venue.
3849 BERTHAUT (L.). L'Absente.
3589 — Fantôme de Terre-Neuve.
2675 — Quand même.
1346 BERTHEROY (J.). Cléopâtre.
3184 — Le Journal de Marguerite Plantin.
3426 — Les Vierges de Syracuse.
2379 — Ximénès.
1031 BIART (L.). Les Ailes brûlées.
 143 — Le Bizco.
 144 — La Capitana.
 145 — L'Eau dormante.
1032 — Jeanne de Maurice.
1033 — Le Pensativo.
3758 BINET-VALMER. Les Métèques.
1034 BLANCHÈRE (De la). Le Club des Toqués.
3476 BLÉMONT (E.). A quoi tient l'Amour.
 555 BOISGOBEY. Une Affaire mystérieuse.
 566 — Mérindol.
 372 — Les Suites d'un Duel.
3590 BOISSIÈRE (A.). La tragique Aventure du mi-
     me Properce.

2084 BOISSONNAS (Mme). Un Vaincu.
2085 BONNETAIN (Paul). Passagère.
2637 BORDEAUX (Henry). Sentiments et Idées de
ce temps.
2086 BORNIER (de). Louise de Vauvert.
3186 BOUBÉE (Simon). La Dame aux rubans rouges.
974 BOUCHOR. Contes parisiens.
3759 BOULENGER. L'Amazone blessée.
2677 BOURGET (Paul). André Cornélis.
1035 — Cœur de femme.
2676 — Complications sentimentales.
2087 — Cosmopolis.
2380 — Un Crime d'amour.
2088 — Cruelle Enigme.
2381 — Le Disciple.
3307 — Drames de famille.
2678 — La Duchesse bleue.
3308 — Le Fantôme.
3309 — Un Homme d'Affaires.
2089 — Une Idylle tragique.
2382 — L'Irréparable.
2383 — Mensonges.
3437 — Monique.
2384 — Outre-Mer.
2385 — Recommencements.
2679 et 2959 — La Terre promise.
2387 — Voyageuses.
931 BOUSSENARD. Les 10 Millions de l'Opossum
rouge.
3416 BOVET. La Belle Sabine.
2960 — Parole jurée.
3187 — Pris sur le vif.
3188 BOYSLEVE (R.). Mademoiselle Cloque.
2389 BRADA. Joug d'amour.
557 BRADDON. Le Capitaine Vautour.
148 — La Chanteuse des Rues. 2 vol.
1036 BRET-HARTE. Flip.
1868 — Récits californiens.
3691 BRISSON (A.). L'Envers de la Gloire.
3422 — Florise Bonheur.
2961 — Paris intime.
3189 BROSSMANN (J.-P.). Mémoires d'un soldat-or-
donnance.
2390 BROUGHTON. Hélas !
3591 BRUGIÈRE et GASTINE. L'Asie en feu.
1347 BUJON. Histoires d'amour.
2563 — Louise Longhan.
558 BULWER-LYTTON. Le Jour et la Nuit. 2 vol.
559 — Mémoires de Pisistrate Caxton.
3760 BUTEAU (H.). Un Orage.
3761 BUTTI (E.). L'Amour triomphe.
3477 BYL. Champignol malgré lui.
2090 CADOL (E.). Le Cher Maître.
2680 — La Grande Vie.
1869 — Le Secrétaire particulier.

2322 CAHU (Th.). Chez les Allemands.
2962 — Le Déserteur.
2391 — Georges et Marguerite.
2681 — La Rançon de l'Honneur.
2392 — Vendus à l'ennemi.
2393 CAHUN (Léon). Hassan le Janissaire.
3762 CAINE (H.). L'Enfant prodigue.
1037 CANIVET. Lise Heurtevent.
2963 CAPUS (Alfred). Qui perd gagne.
1038 CARMEN (Sylva). Astra.
2683 CARO (Mme). Idylle nuptiale.
2394 — Les Lendemains.
2395 CASE (J.). Ame en peine.
2964 — Une Bourgeoise.
3190 — Les 7 Visages.
3592 CERVIÈRES (P.). Plus fort que tout.
3191 CHABROL (Albéric). Chemin d'amour.
373 CHAMPFLEURY. Les Bourgeois de Molinchart
1871 — Chien-Caillou.
150 — Les Demoiselles Tourangeau.
1872 — Les Excentriques.
3594 CHANTEPLEURE. L'Aventure d'Huguette.
155 CHAVETTE (Eugène). Le Procès Pictompin.
560 — Le Saucisson à pattes. 2 vol.
1870 CHENEVIÈRE. Perle fausse.
2396 CHERBULIEZ (V.). Après fortune faite.
561 — Un cheval de Phidias.
1043 — Le Comte Kostia.
562 — Une Gageure.
563 — Le Roman d'une honnête Femme.
2093 — Samuel Brohl et Cie.
1044 CHERVILLE (de). La Chasse aux souvenirs.
2634 CHEVALIER (Henri). Vie et Aventures de Tom
       Surville.
3593 CHONSKI (M. de). Nitchevo.
2546 CIM. Bonne Amie.
2397 CLARETIE (J.). L'Accusateur.
1687 — L'Américaine.
564 — Les Amours d'un Interne.
374 — Le Beau Solignac. 2 vol.
2094 — Brichanteau comédien.
375 — Candidat.
1874 — La Cigarette.
1440 — Une Femme de proie.
2096 — La Frontière.
1045 — Fugitive.
565 — Jean Mornas.
2095 — Mademoiselle Bertin.
376 — Mademoiselle Cachemire.
1046 — La Maison vide.
1441 — La Maitresse.
3595 — Marie Petit.
1047 — Michel Berthier.
566 — Le Million.
1442 — Noris.

2097 CLARETIE (J.). Le Petit Jacques.
1048 — Pierrille.
 379 — Le Prince Zilah.
1875 — Puyjoli.
1049 — Robert Burat.
 567 — Le Train 17.
1050 — Le 3ᵉ Dessous.
1051 CLAUDIN. Tout à l'ambre, tout à l'ail.
2578 CLEMENCEAU (G.). Les plus forts.
 157 COFFIGNON. Le Pavé parisien.
 568 CONSCIENCE (H.). Une Affaire embrouillée.
1052 — Aurélien. 2 vol.
1879 — Le Bourgmestre de Liège.
 158 — Le Chemin de la Fortune.
2398 — Le Conscrit.
1880 — Le Coureur de grèves.
 159 — Le Démon de l'Argent.
 160 — Le Démon du Jeu.
2098 — Une Erreur judiciaire.
2399 — Le Fléau du village.
1053 — Le Gant perdu.
 161 — Le Gentilhomme pauvre.
 569 — Le Guet-Apens.
1054 — La Jeune Femme pâle.
2099 — L'Illusion d'une Mère.
 570 — La Maison bleue.
 571 — Le Mal du siècle.
 572 — Le Marchand d'Anvers.
1057 — Le Martyre d'une Mère.
1055 — L'Oncle et la Nièce.
 162 — La Préférée.
1056 — Un Sacrifice.
1882 — Le Sortilège.
2100 — Le Supplice d'un Père.
1058 — Les Veillées flamandes.
 163 — La Voleuse d'enfant.
 410 COOPER (Fenimore). Le Bourreau de Berne.
 465 — Le Corsaire rouge.
 411 — Le Dernier des Mohicans.
 412 — L'Ecumeur de Mer.
 846 — L'Espion.
 847 — Eve Effingham.
 848 — Le Lac Ontario.
 413 — Les Pionniers.
 466 — La Prairie.
 467 — Le Tueur de Daims.
2684 COPPÉE (Fr.). La Bonne Souffrance.
2965 — Contes en prose.
2338 — Contes rapides.
2101 — Le Coupable.
1878 — Mon Franc-Parler. 3 vol.
2102 — Mon Franc-Parler. 4ᵉ série.
1877 — Une Idylle pendant le siège.
2103 — Rivales.
1060 — Toute une jeunesse.

164 COPPÉE (François). Vingt contes nouveaux.
1512 — Les Vrais Riches.
3349 COQUELLE (P.). L'Homme au Diamant.
2686 CORNUT. Chair et Marbre.
3596 COULEVAIN (P. de). Sur la Branche.
2966 COURTELINE (G.). Les Gaités de l'Escadron.
3338 — Les Marionnettes de la Vie.
3597 COYNART (Ch. de). Les Malheurs d'une grande
  dame sous Louis XV.
2400 CRAWFORD. Zoroastre.
165 CUMMINS. L'Allumeur de réverbères.
2104 — La Rose du Liban.
2967 CUREL (François de). L'Eté des fruits secs.
2688 — Le Sauvetage du Grand-Duc.
1529 DANRIT. La Guerre en ballon. 2 vol.
1530 — La Guerre de forteresse. 2 vol.
1531 — La Guerre en rase campagne. 2 vol.
2401 DANRIT et DE PARDIELLAN. Le Journal du
  lieutenant von Piefke. 2 vol.
1348 DARMESTETER. Marguerites du temps passé.
3598 DATIN (H.). Le Trappiste.
380 DAUDET (Alphonse). Aventures de Tartarin de
  Tarascon.
3478 — La Belle Nivernaise.
573 — Contes du Lundi.
2106 — Entre les Frises et la Rampe.
1061 — L'Evangéliste.
2402 — La Fédor.
2107 — Femmes d'Artistes.
166 — Fromont jeune et Risler aîné.
2108 — L'Immortel.
574 — Jack.
70 — Lettres de mon Moulin.
167 — Le Nabab.
2920 — Notes sur la vie.
168 — Numa Roumestan.
169 — Le Petit Chose.
2110 — La Petite Paroisse.
575 — Port Tarascon.
3310 — Premier Voyage, premier Mensonge.
576 — Robert Helmont.
577 — Les Rois en exil.
1062 — Rose et Ninette.
170 — Sapho.
2689 — Le Soutien de famille.
381 — Tartarin sur les Alpes.
171 — Trente Ans de Paris.
2403 — Le Trésor d'Arlatan.
2112 DAUDET (Ernest). La Carmélite.
2113 — Daniel de Kerfons.
2690 — Drapeaux ennemis.
3692 — L'Espionne.
2114 — Une Femme du Monde.
2968 — Les Fiançailles tragiques
2890 — La Mongautier.

2854 DAUDET (Ernest). Mademoiselle de Circé.
3479 — Mademoiselle de Fougères.
2547 — Pauline Fossin.
2969 — Les Persécutées.
2691 — Rolande et Andrée.
1349 — Roman d'une jeune fille.
2404 DAUDET (Léon). La Flamme et l'Ombre.
2970 — Les Morticoles.
2405 — Suzanne.
2972 DECOURCELLE. Crime de femme.
2973 — Les Deux Gosses.
3350 DELBARRE. Vaincus.
3763 DELBRUCK. Au pays de l'Harmonie.
2406 DELORME. Lettres d'un Zouave.
1063 DELPIT (Albert). Le Fils de Coralie.
2116 — Les Fils du Siècle.
2117 — Le Mariage d'Odette.
2118 — La Marquise.
 172 — Le Père ue Martial.
2692 DELPIT (Edouard). La Revanche de l'Enfant.
2974 — Sang de Corsaire.
2693 — Les Souffrances d'une Mère.
3131 — Le Talion.
1883 DEMESSE (Henri). Petite Fifi.
1350 DEMOGEOT. Deux Souvenirs.
3599 DEMOLDER (E.). Le Jardinier de la Pompa-
       dour.
2119 DESCAVES. En Villégiature.
2408 DESCHAMPS. Chemin fleuri.
3192 DESLYS (Ch.). Le Blessé de Gravelotte.
3193 — Les Diables rouges.
 468 — Les Récits de la Grève.
1885 DESMOULINS. Récit d'une Lorraine.
 173 DICKENS. L'Abîme.
 174 — Aventures de M. Pickwick. 2 vol.
1064 — Barnabé Rudge.
1886 — Les Contes d'un inconnu.
1884 — Contes pour le Jour des Rois.
 849 — David Copperfield.
 850 — Dombay et fils.
 176 — Maison à louer.
 177 — Le Neveu de ma Tante. 2 vol.
 851 — Nicolas Nickleby.
1065 — Olivier Twist.
2409 DIEULAFOY (Jane). Rose d'Hastra.
3863 DIVERS. Je sais tout, 1907-1908. 2 vol.
3862 — Lectures pour tous, 1907-1908. 2 vol.
3866 — Le Magasin pittoresque.
3861 — Le Monde moderne. 2 vol.
2260 — Les Parisiens à Paris.
2120 — La Villa Bon-Accueil.
2410 DOMBRE. Le Médecin de Belle-Maman.
2411 — Tante Rabat-Joie.
2977 DONNAY (Maurice). Chères Madames.
2121 — Education de prince.

1688 DOSTOIERSKY. Les Etapes de la Folie.
3600 DOUCET (J.). Contes de haute lisse et de la
    fileuse.
1803 DOUMIC (R.). La Vie et les Mœurs au jour le
    jour.
2412 DROZ (Gustave). Autour d'une Source.
1888 — Babolain.
2695 — L'Enfant.
2122 — Entre nous.
1889 — Les Etangs.
2123 — Une Femme gênante.
1066 — Monsieur, Madame et Bébé.
2696 — Tristesses et Sourires.
1890 DROZ (Paul). Lettres d'un Dragon.
1891 DU CAMP (Maxime). Les Buveurs de cendres.
1892 — Les Forces perdues.
1689 — Le Crépuscule.
2608 DUGARD. La Société américaine.
2978 DUJARRIC. Roman d'un capitaine de navire.
2697 DUMAS (Alexandre). Acté.
2698 — Amaury.
178 — Ange Pitou. 2 vol.
179 — Ascanio. 2 vol.
2979 — Aventures de John Davys. 2 vol.
578 — Le Bâtard de Mauléon. 3 vol.
1353 — Black.
180 — Les Blancs et les Bleus. 3 vol.
1690 — La Boule de Neige.
579 — Bric-à-brac.
580 — Un Cadet de famille. 3 vol.
1291 — Le Capitaine Aréna.
189 — Le Capitaine Pamphile.
581 — Le Capitaine Paul.
1691 — Le Capitaine Rhino.
1692 — Le Capitaine Richard.
2699 — Catherine Blum.
2700 — Cécile.
582 — Le Chasseur de sauvagines.
2980 — Le Château d'Eppstein. 2 vol.
583 — Le Chevalier d'Harmenthal. 2 vol.
182 — Le Chevalier de Maison-Rouge. 2 vol.
183 — Le Collier de la Reine. 3 vol.
1355 — La Colombe.
184 — Les Compagnons de Jéhu. 3 vol.
185 — Le Comte de Monte-Cristo. 6 vol.
186 — La Comtesse de Charny. 6 vol.
584 — La Comtesse de Salisbury. 2 vol.
585 — Les Confessions de la Marquise. 2 vol.
1693 — Conscience l'Innocent. 2 vol.
187 — La Dame de Monsoreau. 3 vol.
188 — Les Deux Diane. 3 vol.
189 — Les Deux Reines. 2 vol.
2124 — Dieu dispose. 2 vol.
586 — Le Docteur mystérieux. 2 vol.
587 — Le Drame de 1793. 3 vol.

1067 DUMAS (A.). Les Drames de la Mer.
1356 — Emma Lyonna. 5 vol.
588 — La Femme au collier de velours.
589 — Fernande.
590 — La Fille du Marquis. 2 vol.
190 — Une Fille du Régent.
591 — Le Fils du forçat.
592 — Les Frères corses.
1694 — Gabriel Lambert.
1695 — Les Garibaldiens.
2125 — Georges.
593 — La Guerre des femmes. 2 vol.
1696 — L'Homme aux contes.
1697 — Les Hommes de fer.
1358 — L'Horoscope.
594 — Ingénue. 2 vol.
2126 — Isaac Laquedem. 2 vol.
2701 — Jacques Ortis.
595 — Jacquot sans oreilles.
2702 — Jane.
191 — Joseph Balsamo. 5 vol.
597 — Les Louves de Machecoul. 3 vol.
1635 — Madame de Chamblay. 2 vol.
598 — Le Maître d'armes.
2983 — Les Mariages du père Olifus.
599 — Les Médicis.
600 — Mémoires d'un aveugle. 2 vol.
601 — Le Meneur de loups.
2984 — Les mille et un fantômes.
192 — Les Mohicans de Paris. 4 vol.
603 — Olympe de Clèves. 3 vol.
194 — Le Page du Duc de Savoie. 2 vol.
1068 — Parisiens et Provinciaux. 2 vol.
2127 — Le Pasteur d'Ashbourn. 2 vol.
2985 — Pauline et Pascal Bruno.
2128 — Le Père la Ruine.
605 — Le Prince des voleurs. 2 vol.
606 — La Princesse Flora.
607 — La Princesse de Monaco. 2 vol.
193 — Les Quarante-cinq. 3 vol.
608 — La Régence.
195 — La Reine Margot. 2 vol.
1360 — Robin Hood. 2 vol.
609 — La Route de Varennes.
1361 — Le Saltéador.
610 — Salvator. 5 vol.
611 — La San-Félice. 4 vol.
2414 — Souvenirs d'une favorite. 4 vol.
1637 — Les Stuarts.
2986 — Sultanetta.
2987 — Sylvandire.
2129 — La Terreur prussienne. 2 vol.
2415 — Le Testament de M. Chauvelin.
2988 — Trois Maîtres.
196 — Les Trois Mousquetaires. 2 vol.

612 DUMAS (A.). Le Trou de l'Enfer.
2703 — La Tulipe noire.
197 — Le Vicomte de Bragelonne. 6 vol.
2130 — Une Vie d'Artiste.
198 — Vingt ans après. 3 vol.
199 DUMAS (Alexandre) fils. L'Affaire Clémenceau.
1894 — Antonine.
200 — Aventures de 4 femmes et d'un perroquet.
1895 — La Boîte d'Argent.
201 et 1362 — La Dame aux Camélias.
1896 — Diane de Lys.
2131 — Le Docteur Servans.
2132 — Le Régent Mustel.
613 — Sophie Printems.
2133 — Thérèse.
1897 — Tristan le Roux.
1898 — Trois Hommes forts.
2134 — La Vie à vingt ans.
3194 DUPRÉ (Edouard). L'Innocente de Rochebignon.
3764 DUQUESNEL. Le Mystère de Gaude.
203 DURUY (Georges). Le Garde du corps.
1477 — Pour la France.
614 ELIOT. Les Tribulations du Révérend A. Barton.
3195 ENAULT (Louis). Un Drame au Marais.
1899 — Jours d'épreuves.
2704 — Le Rachat d'une âme.
3196 ENNERY (Ad. d'). Jacqueline.
615 ERCKMANN-CHATRIAN. Le Banni.
205 — Le Blocus.
206 — Le Brigadier Frédéric.
207 — Confidences d'un joueur de clarinette.
617 — Les Contes des bords du Rhin.
616 — Les Contes de la montagne.
208 — Contes populaires.
209 — Contes vosgiens.
210 — Les Deux Frères.
618 — Le grand-père Lebigre.
212 — Histoire d'un conscrit de 1813.
619 — Histoire d'un Homme du peuple.
620 — Histoire d'un Paysan. 4 vol.
621 — Histoire du Plébiscite.
213 — Histoire d'un Sous-Maître.
214 — L'illustre Docteur Mathéus.
215 — L'Invasion.
216 — Madame Thérèse.
622 — La Maison forestière.
623 — Maître Daniel Rock.
624 — Maître Gaspard Fix.
217 — Souvenirs d'un chef de chantier.
219 — Le Vieux de la Vieille.
2989 ERCKMANN (E.). Alsaciens et Vosgiens d'autrefois.
3765 ERLANDE (A.). Le Paradis des Vierges sages.

3197 ESPARBÈS (G. d'). Les Demi-Solde.
2975 — Les Derniers Lys.
2976 — La Guerre en dentelles.
2137 — La Légende de l'Aigle.
3480 — La Légende de l'Outil.
3766 — Printemps.
3601 — Le Tumulte.
2138 — Les Yeux clairs.
1810 ESTAUNIÉ. Bonne Dame.
3602 ETCHEGOYEN (d'). Les Contes de ma giberne.
2139 FABRE (F.). L'Abbé Roitelet.
625 — L'Abbé Tigrane.
1069 — Le Chevrier.
1070 — Les Courbezon.
2416 — Julien Savignac.
2140 — Mon ami Gaffarot.
626 — Mon oncle Célestin.
2417 — Monsieur Jean.
627 — Le Roi Ramire.
2141 — Le Roman d'un peintre.
2142 — Xavière.
1616 FERRY (G.). Les Aventuriers du Val-d'Or.
2990 FEUILLET (Oct.). Bellah.
2991 — Le Divorce de Juliette.
2144 — Histoire d'une Parisienne.
628 — Histoire de sibylle.
2145 — Honneur d'artiste.
2705 — Le Journal d'une femme.
2146 — Julia de Trécœur.
221 — Un Mariage dans le monde.
220 — Monsieur de Camors.
222 — La Morte.
1071 — La Petite Comtesse.
629 — Le Roman d'un jeune homme pauvre.
1900 — La Veuve.
2992 FEUILLET (Mme Oct.). La Filleule de Monsei-
      gneur.
385 FÉVAL (Paul). Le Bossu. 2 vol.
630 — Le Capitaine Fantôme.
1076 — Les filles de Cabanil.
1700 — Le Mari embaumé. 2 vol.
386 — Les Mystères de Londres. 2 vol.
2706 FEYDEAU (Er.). Fanny.
2147 — Le Lion devenu vieux.
2994 — Le Mari de la danseuse.
2993 — Le Roman d'une jeune mariée.
2707 — Sylvie.
2418 FILON (Augustin). L'Elève de Garrick.
3603 — Micheline.
2419 — Renégat.
2512 FLAMMARION (Camille). Stella.
1072 FLAUBERT (Gustave). Bouvard et Pécuchet.
2995 — L'Education sentimentale.
223 — Madame Bovary.
224 — Salammbô.
1367 — Trois Contes.

2420 FLORAN (M.). Carmencita.
3408 — Mademoiselle Millions.
2708 — Le Mariage de Clément.
3198 — La plus riche.
1811 FOGAZZARO. Le Mystère du poète.
1812 FOLEY (Ch.). Bonheur conquis.
1902 — Cœur de roi.
2148 — La Dame aux millions.
1073 — Risque-tout.
2872 FOUDRAS (Marquis de). Madame Hallali.
1655 FOURNIER (Ed.). L'Esprit des autres.
1364 FRANAY. Le Château des Airelles.
3767 — Elaine.
3438 — Lisbeth.
2421 — Mademoiselle Huguette.
1365 — Mon Chevalier.
2996 FRANCE (Anat.). L'Anneau d'améthyste.
1074 — Balthazar.
3604 — Crainquebille.
2149 — Les Désirs de Jean Servien.
2709 — L'Etui de nacre.
2422 — Le Jardin d'Epicure.
2423 — Jocaste.
2150 — Le Lys rouge.
2710 — Le Mannequin d'osier.
3311 — Monsieur Bergeret à Paris.
2424 — L'Orme du Mail.
2997 — Pierre Nozière.
2998 — Le Puits de Sainte-Claire.
2711 — La Rôtisserie de la reine Pédauque.
2151 — Thaïs.
3605 FRANC-NOHAIN. — Le Pays de l'Instar.
3768 FRAPIE (E.). L'Ecolière.
3694 — Les Obsédés.
3769 — La Proscrite.
3850 FRAYCOURT (P.). De la Charrue à la Pourpre.
1077 FREYTAG. Doit et avoir. 3 vol.
632 GABORIAU. L'Argent des autres.
633 — La Corde au cou.
2152 — Les Gens de bureau.
3312 GACHONS (J.). Mon Amie.
2425 GALIPAUX. Pour casinoter.
1903 GALLET (Louis). Doris.
1078 GAUTIER (H.). En se cherchant.
1368 GAUTIER (Judith). La Conquête du Paradis.
2426 — Le Dragon impérial.
2427 — Fleurs d'Orient.
2428 — Iskender.
1369 — La Sœur du Soleil.
1370 — Le Vieux de la Montagne.
225 GAUTIER (Th.). Le Capitaine Fracasse. 2 vol.
1079 — Les Jeune-France.
2999 — Mademoiselle de Maupin.
226 — Le roman de la Momie.
227 — Romans et contes.

2429 GAUTIER (Th.). Spirite.
3000 — Un trio de romans.
3606 GEFFROY. L'Apprentie.
1904 GENNEVRAY. Les Embarras d'un Capitaine de
         dragons.
3695 GÉRALD. Donna Béatrice.
1080 GIFFARD. Souvenirs d'un reporter.
  78 GILL (André). Vingt années de Paris.
1534 GINISTY. Choses et Gens de théâtre.
2154 — La Vie.
1081 GIRARDIN (J.). Braves Gens.
 228 GIRARDIN (Mme de). La Canne de M. de Bal-
         zac.
 229 — Contes d'une vieille fille à ses neveux.
 230 — La Croix de Berny.
 639 — Il ne faut pas jouer avec la douleur.
 231 — Le Lorgnon.
1805 GLADES. Au gré des choses.
1082 GLATRON. Les Disciples de l'abbé François.
 638 GLOUVET (J. de). Le Berger.
 637 — La Famille Bourgeois.
1083 — Le Forestier.
1702 — Le Marinier.
2431 GODARD (André). Chantegrolle.
1084 GOGOL. Les Ames mortes. 2 vol.
 232 GOLDSMITH. Le Vicaire de Wakefield.
3001 GONCOURT (Edm. de). Chérie.
2156 — La Faustin.
2157 — La Fille Elisa.
 234 — Les frères Zemganno.
 233 — Germinie Lacerteux.
1085 — Madame Gervaisais.
 640 GONCOURT (Edm. et J. de). Charles De-
         mailly.
3002 — En 18...
2155 — Journal. 3 vol.
2714 — Pages retrouvées.
1703 — Renée Mauperin.
2158 — Sœur Philomène.
 387 GONZALES (Ed.). Les Deux Favorites. 2 vol.
 641 — La Sorcière d'amour. 2 vol.
1086 GOSSOT. Madeleine.
1087 GOZLAN. Aristide Froissart.
 235 — Les Emotions de Polydore Marasquin.
1831 GRANDIN (Mme). Impressions d'une Parisienne
         à Chicago.
1905 GRAY. Le Silence du Doyen.
 642 GRENVILLE-MURRAY (M.). Une Famille en-
         dettée.
 643 — Veuve ou mariée.
3313 GRÉVILLE (H.). Le Cœur de Louise.
2715 — Le Fil d'or.
 644 — Louis Breuil.
1906 GUESVILLER. Le Roman de Génevotte.
3003 GUICHES. Un Cœur discret.

2716 GUICHES. Au Fil de la vie.
2717 — Trop de zèle.
1089 GUILLEMOT. Florimond.
3004 GYP. Autour du divorce.
3005 — Autour du mariage.
2160 — Monsieur le Duc.
3199 — Monsieur de Folleuil.
2432 — Petit Bleu.
2718 — Sportmanomanie.
2719 — Tante Joujou.
2159 — Le 13e.
236 HALÉVY (L.). L'Abbé Constantin.
645 — Criquette.
2720 — Karikari.
238 — Un Mariage d'amour.
1704 — Monsieur et Madame Cardinal.
2162 — Les petites Cardinal.
239 — Princesse.
500 HALL (Cap.). Scènes du bord et de la terre
    ferme.
2721 HARAUCOURT (E.). Amis.
1317 HAUFF. Lichstenstein.
647 HAWTHORNE. La Maison aux sept pignons.
3314 HELDEU. Au Tableau.
2433 HEPP (A.). Cœurs pharisiens.
3006 HERMANT (A.). Amour de tête.
2163 — Le Cavalier Miserey.
2722 — Cœurs à part.
3181 — Cœurs privilégiés.
3007 — Monsieur Rabosson.
2643 — Le Sceptre.
2723 — Serge.
3008 — La Surintendante.
3482 HERVIEU (P.). L'Alpe homicide.
2725 — L'Exorcisée.
2165 — Peints par eux-mêmes.
2164 — Le Petit Duc.
3009 — Les Yeux verts et les Yeux bleus.
648 D'HERVILLY. Histoires divertissantes.
2726 — Les Parisiens bizarres.
388 HOFFMANN. Contes fantastiques.
2436 HOUSSAYE (A.). La Femme fusillée.
2168 — Histoire du 41e fauteuil.
2727 — Les Larmes de Mathilde.
2167 — Mademoiselle Rosa.
649 — La Robe de la mariée.
2166 — Les trois Duchesses.
240 HUGO (V.). Bug-Jargal.
2645 — Choses vues.
241 — Le Dernier Jour d'un condamné.
242 — Han d'Islande.
487 — Histoire d'un crime. 2 vol.
1705 — L'Homme qui rit. 3 vol.
243 — Les Misérables. 8 vol.
244 — Notre-Dame de Paris. 2 vol.
2326 — Paris.

245 HUGO (V.). Quatre-vingt-treize. 2 vol.
246 — Les Travailleurs de la mer. 2 vol.
2169 HUYSMANS. En Ménage.
3697 IBANEZ (Bl.). Boue et Roseaux.
3696 — Fleur-de-Mai.
3010 JACOBSEN. Entre la vie et le rêve.
1621 JACOLLIOT (L.). Le Capitaine de vaisseau.
501 — Les Chasseurs d'esclaves.
1622 — Mémoires d'un lieutenant de vaisseau.
1371 JACQUES. Contes et Causeries.
247 JANIN (J.). Contes fantastiques.
2855 JENKIN (Mme). Un Mariage français.
517 JOLIET (Ch.). Mille nouvelles à la main.
1230 — La Novice de Trianon.
2856 — Le roman de Bérangère.
3409 — Le roman de deux jeunes mariés.
2886 JOSEPH-RENAUD. La Faillite du Mariage.
2857 JOUSSELIN (St.). Yankées fin de siècle.
3200 JULLIARD (E.). Chasse à l'hyménée.
3423 KAHN (G.). L'Adultère sentimental.
2437 KAISER (Isabelle). Sorcière.
1090 KARR (A.). Le Chemin le plus court.
650 — Clotilde.
2729 — Dans la Lune.
248 — Feu Bressier.
2171 — En fumant.
651 — Geneviève.
2730 — Une heure trop tard.
249 — Midi à quatorze heures.
250 — La Pénélope normande.
3011 — Plus ça change.
3012 — Plus c'est la même chose.
2172 — Pour ne pas être treize.
1907 — La Promenade des Anglais.
1908 — Sous les orangers.
251 — Sous les tilleuls.
1909 — Sur la plage.
3013 KISTEMAECKERS (H.). L'Illégitime.
1231 KOCK (H. de). Le Château du bonheur.
3607 KRAINS (H.). Le Pain noir.
1910 LABARRIÈRE (P.). Secret de famille.
519 LABOULAYE (Ch.). Contes choisis.
1091 LABOULAYE (E.). Abdallah.
252 — Le prince Caniche.
2173 — Souvenirs d'un voyageur.
2410 LA BRETE (J. de). Mon oncle et mon curé.
2174 LACHAUD (G.). Cabotinage.
2818 LAFFITTE (J.). Un coin de Paris.
2731 LA JEUNESSE (E.). L'Holocauste.
3014 — L'Inimitable.
2438 — L'Imitation de notre maître Napoléon.
2177 LAMARTINE. Geneviève.
253 — Graziella.
254 — Raphaël.
255 — Le tailleur de pierre de Saint-Point.

1964 LAMBERT (Albert). Sur les planches.
 256 LAN (J.). Mémoires d'un chef de claque.
2175 LANDELLE (G. de la). Les Femmes à bord.
2176 — Une Haine à bord.
 390 — Le Mouton enragé.
3015 LANO (P. de). Les Exotiques.
3698 LAPAIRE (H.). Le Fardeau.
 948 LAPEYROUSE. Roman d'un chercheur d'or.
1911 LARONZE (Ch.). Disparu.
3016 LAURIE (A.). Atlantis.
1374 — Autour d'un lycée japonais.
2732 — Axel Ebersen.
1093 — Le Bachelier de Séville.
2182 — Le Rubis du Grand-Lama.
1376 — Le Secret du Mage.
1096 — Tito le Florentin.
1097 — La Vie de collège en Angleterre.
3771 LAVEDAN (H.). Le Bon Temps.
3431 — Le Carnet d'un petit châtelain.
2178 — Une Famille.
3017 — La Haute.
2348 — Les Jeunes.
2734 — Leur Cœur.
3020 — Leurs Sœurs.
2179 — Lydie.
2180 — Les Marionnettes.
3018 — Nocturnes.
2858 — Le Nouveau Jeu.
2735 — Petites Fêtes.
3019 — Les petites visites.
2181 — Sire.
2736 — Le Vieux Marcheur.
3021 LEBLANC (Maurice). Une Femme.
3410 LE BRAZ. Le Sang de la Sirène.
 883 LECOMTE (Mme). La Vocation d'Albert.
1334 LEGOUVÉ (E.). Soixante ans de souvenirs. 4 v.
1098 LEGRAND (Ch.). Une Faute.
 490 LEGUÉ. Urbain Grandier et les possédées de
      Loudun.
2933 LEMAITRE (J.). L'Age difficile.
1912 — Myrrha, vierge et martyre.
2183 — Les Rois.
2184 — Sérénus.
1798 LE MANSOIS-DUREY. L'esprit de Joseph Prud-
      homme.
1743 — De Montmartre à Montrouge.
3483 LEMONNIER. Comme va le ruisseau.
1443 — La Fin des Bourgeois.
3427 — Le Sang et les Roses.
3315 LE ROUX (H.). Le Fils à Papa.
3022 — Gens de poudre.
2738 — Gladys.
3023 — Jeunes Amours.
2443 — Le Maître de l'heure.
2444 — O mon passé !
2185 — Tout pour l'honneur.

— 53 —

257 LE SAGE. Le Diable boiteux.
258 — Gil Blas.
2442 LESCOT (Mme). Un peu, beaucoup, passionnément.
1232 LESCURE (de). Les Confessions de l'abbesse de Chelles.
3024 LESUEUR (D.). Au delà de l'amour.
2739 — Comédienne.
3319 — La Fleur de Joie.
1913 — Haine d'amour.
3316 — L'Honneur d'une Femme.
3317 — Justice de Femme.
3025 — Lèvres closes.
3417 — Lys royal.
3026 — Le Mariage de Gabrielle.
3418 — Le Meurtre d'une Ame.
3318 — L'Or sanglant.
2860 — Passion slave.
3320 — Une Vie tragique.
1099 LE VERDIER. Khi-Hoa.
1363 L. L. L'Héritage de Jacques Farruel.
3378 LOMBARD (J.). L'Agonie.
3379 — Bysance.
3608 — Loïs Majourès.
3609 LONGARD DE LONGGARDE. Une Réputation sans tache.
2186 LORRAIN (J.). Buveurs d'âmes.
3027 LOTI (P.). Aziyadé.
2741 — L'Exilée.
3773 — Les Désenchantées.
1377 — Fantôme d'Orient.
3028 — Figures et choses qui passaient.
2742 — Fleurs d'ennui.
1101 — Le Mariage de Loti.
2189 — Madame Chrysanthème.
2188 — Matelot.
259 — Mon frère Yves.
1102 — Pêcheur d'Islande.
2445 — Ramuntscho.
3029 — Reflets sur la sombre route.
1378 — Roman d'un enfant.
1706 — Roman d'un Spahi.
2446 — Les trois Dames de la Kasbah.
3699 — La troisième jeunesse de Madame-Prune.
1914 MAEL (P.). Amour d'Orient.
2447 — Le Bois d'amour.
3201 — Cendrillonnette.
3030 — Le Cœur et l'Honneur.
2743 — Dernière pensée.
3202 — Les Derniers Hommes rouges.
2744 — La Double Vue.
2449 — Le Drame de Rosmeur.
3132 — Eva et Lilian.
1915 — Fleur de Mer.

655 MALOT (H.). Le Docteur Claude. 2 vol.
1922 — En Famille. 2 vol.
1382 — La Femme d'argent.
2455 — Ghislaine.
1483 — L'Héritage d'Arthur.
1108 — Justice.
656 — Le lieutenant Bonnet.
1109 — Madame Obernin.
1384 — Madame Prétavoine. 2 vol.
395 — Le Mariage de Juliette.
2199 — Mariage riche.
1385 — Marichette. 2 vol.
3037 — Le Mari de Charlotte.
1707 — Mère.
657 — Micheline.
1923 — Les Millions honteux.
658 — Un Miracle.
1386 — Miss Clifton.
2200 — Mondaine.
396 — Paulette.
659 — La Petite Sœur. 2 vol.
660 — Pompon.
3039 — Raphaelle.
1387 — Sang-Bleu.
661 — Sans Famille. 2 vol.
3038 — Séduction.
1708 — Suzanne.
1388 — Zyte.

1110 MARCEL (Etienne). Une Amitié d'enfance.
2204 — La Fortune de Dambro.
3040 MARGUERITTE (Paul). Ame d'enfant.
2201 — Le Cuirassier blanc.
2458 et 3041 — L'Eau qui dort.
2861 — Ma Grande.
3382 MARGUERITTE (P. et V.). Les Braves Gens.
2457 — Le Carnaval de Nice.
3523 — La Commune.
2748 — Le Désastre.
3484 — L'Eau souterraine.
3042 — Femmes nouvelles.
3434 — Le Jardin du Roi.
3432 — Le Poste des Neiges.
3322 — Les Tronçons du Glaive.
3433 — Vers la Lumière.
3043 MARGUERITTE (Victor). Au fil de l'heure.
2456 MARIN (A.). La Belle d'Août.
662 MARMIER (X.). Les Ames en peine.
1924 — Contes russes.
260 — Les Hasards de la Vie.
261 — Le Roman d'un Héritier.
1111 MARTEL L. Homme à l'hermine.
2862 MASSA (P. de). Zibeline.
2460 MASSON FORESTIER. Remords d'avocat.
663 MATTHEY. La Brésilienne.
398 — La Chambre rose.

1389 MATTHEY. L'Etang des Sœurs-Grises.
 262 — Un Gendre.
 664 — Le Point noir.
 399 — Le Roi des Mendiants.
2205 — Le Serment d'une Mère.
2202 MAUPASSANT (Guy de). Bel Ami.
2461 — Fort comme la Mort.
2874 — L'Héritage.
2875 — Histoire u une fille de ferme.
2462 — L Inutile beauté.
3044 — La Main gauche.
2750 — La Maison Tellier.
2203 — Mademoiselle Fifi.
3045 — Monsieur Parent.
2350 — Musotte.
2463 — Notre Cœur.
1112 — Pierre et Jean.
2549 — Sur l'eau.
3205 — Toine.
2751 — Une Vie.
2464 — Yvette.
3774 MAYER-FORSTER. Jeunesse de prince.
2465 MENDÈS (Catulle). L'Homme-Orchestre.
3046 — Luscignol.
2206 — Les Mères ennemies.
1806 MENOS (J.-H.). Deux feuilles au vent.
2559 MERCIER (Ch.). Les Petits-Paris.
 668 MÉRIMÉE (P.). Carmen.
 669 — Colomba.
1116 — Dernières Nouvelles.
 265 — Les Deux Héritages.
1928 MÉROUVEL (Ch.). L'Abandonnée. 3 vol.
1929 — Diane de Briolles.
2207 — Haine et Amour.
1931 — Un Lys au Ruisseau.
2208 — Riches et Pauvres. 2 vol.
 266 MÉRY (P.). Le Château de la Favorite.
 267 — Le dernier Fantôme.
1117 — La Floride.
1118 — La Guerre du Nizam.
1119 — Héva.
 268 — Un Homme heureux.
1403 — Jean Révolte.
3485 MEUNIER (Mme). Confessions d'honnêtes fem-
       mes.
3701 — L'Eternelle Méprise.
1404 — Le roman du Mont Saint-Michel.
1672 MICHELET (J.). La Sorcière.
3775 MILLE. Sur la vaste terre.
2752 MIRAL. L'Eternelle Faiblesse.
3323 MIRBEAU (O.). Le Calvaire.
1390 — Sébastien Roch.
3734 MISTRAL (Fr.). Mémoires et Récits.
2209 MONSELET. L'Argent maudit.
2210 MONTEIL (E.). Henriette Grey.

1405 MONTEIL (E.). Cornebois.
 670 — Rochefière.
1517 MONTET. Contes patriotiques.
3611 MORÉAS (J.). Contes de la vieille France.
1588 MOREAU DE JONNES. Aventures de guerre.
 957 MOUTON (Eugène). Aventures et Voyages du
       capitaine Marius Cougourdan.
1709 — Contes.
1710 — Nouvelles.
 442 MULLER. La Mionnette.
1120 — Nizelle.
 672 MURGER (H.). Les Buveurs d'eau.
1711 — Le dernier rendez-vous.
2753 — Dona Sirène.
2211 — Madame Olympe.
2212 — Le Pays latin.
2754 — Le Roman de toutes les Femmes.
1712 — Le Sabot rouge.
 269 — Scènes de la vie de bohème.
 270 — Scènes de la vie de campagne.
 271 — Scènes de la vie de jeunesse.
2877 — Les Vacances de Camille.
 273 MUSSET (Alfred de). Confession d'un enfant du
       siècle.
 272 — Contes.
 274 — Nouvelles.
 275 MUSSET (P. de). Histoire de trois Maniaques.
 673 NADAR. La Robe de Déjanire.
2466 NAUROUZE (J.). Frères d'armes.
2467 — A travers la tourmente.
 854 NEUKOMM. Mœurs du bon vieux temps.
3047 NEVEU (Pol). Golo.
3612 NISSON (C.). L'autre Route.
1121 NODIER. Contes fantastiques.
 674 — Contes de la Veillée.
1122 — Nouvelles.
1123 NOEL. Autour du Foyer.
3613 NORIS. Ames neuves.
2213 OHNET (G.). L'Ame de Pierre.
3048 — Au fond du Gouffre.
3614 — Le Chemin de la Gloire.
3871 — Cœurs en deuil.
 276 — La Comtesse Sarah.
3702 — La Conquérante.
2468 — Le Curé de Favières.
 677 — Les Dames de Croix-Mort.
2214 — La Dame en gris.
1518 — Le Dernier Amour.
1519 — Dette de Haine.
3776 — La Dixième Muse.
1124 — Le Docteur Rameau.
2215 — Le Droit de l'Enfant.
 277 — La Grande Marnière.
2216 — L'Inutile Richesse.
1520 — Le Lendemain des Amours.

278 OHNET (G.). Lise Fleuron.
279 — Le Maître de Forges.
3486 — Marchand de Poison.
3436 — La Marche à l'amour.
1521 — Nemrod et Cie.
678 — Noir et rose.
2755 — Roi de Paris.
280 — Serge Panine.
679 — Volonté.
1713 PARADOWSKA (M.). Les Filles du Pope.
680 PARFAIT (P.). L'Agent secret.
2756 PÈNE (H. de). Trop belle.
3049 PEYREBRUNE (G.). Les Aimées.
3050 — Au pied du mât.
3051 — Celui qui revient.
2757 — Les Ensevelis.
3419 — Et l'amour vint.
3324 — Une Expérience.
3325 — Les Fiancées.
3052 — Libres.
2469 — La Margotte.
2217 — Laquelle.
3326 — Les Passionnées.
3487 — Une Sentimentale.
2758 — Une Séparation.
681 POE (Edg.). Histoires extraordinaires.
1125 — Histoires grotesques et sérieuses.
1126 — Nouvelles histoires extraordinaires.
3053 PONT-JEST (René de). Aveugle.
2863 — Le Cas du Docteur Plemen.
1406 — Le Fils de Jacques.
3054 — Un Grand Mariage.
3055 — La Meunière de Saint-Cado.
3056 — Le Mort qui se tue.
281 PONTMARTIN (de). Contes d'un planteur de
      choux.
282 — Entre chien et loup.
1714 POUCHKINE. L'Aube russe.
1127 — La Fille du Capitaine.
1128 POUVILLON. Césette.
2218 PRADEL (G.). Cœur de Mère.
443 PRÉVOST (l'Abbé). Manon Lescaut.
2759 PRÉVOST (Marcel). L'Automne d'une Femme.
2470 — Chouchette.
3057 — Cousine Laura.
3058 — Les Demi-Vierges.
2471 — Dernières Lettres de Femmes.
3327 — Frédérique.
3329 — L'Heureux Ménage.
3328 — Léa.
2472 — Lettres de Femmes.
2760 — Mademoiselle Jaufre.
2473 — Nouvelles Lettres de Femmes.
2761 — Notre Compagne.
3420 — Le Pas relevé.

3704 PRÉVOST (Marcel). La plus faible.
3704 — La Princesse d'Erminge.
2762 — Le Scorpion.
3059 — Trois Nouvelles.
3206 PROVINS (M.). Les Lendemains d'aujourd'hui.
283 QUATRELLES. A coups de fusil.
2219 — 70 et 90.
2220 RABUSSON (H.). Moderne.
2221 RAMEAU (J.). Ame fleurie.
3060 — Le Bonheur de Christiane.
2222 — Le Cœur de Régine.
2223 — Mademoiselle Azur.
3061 — La Montagne d'or.
1407 — Moune.
2274 RAYNALY. Les Propos d'un Escamoteur.
3439 RÉGNIER (H. de). Le Bon Plaisir.
3488 — Le Mariage de Minuit.
3489 — Les Vacances d'un Jeune Homme sage.
3207 REIBRACH (J.). A l'Aube.
2474 — Eternelle Enigme.
3615 — Les Sirènes.
3778 RÉMON. La Retraite.
682 RÉMUSAT. Récits du gaillard d'avant.
3490 RENARD (J.). L'Ecornifleur.
3208 — Histoires naturelles.
3209 — Poil de carotte.
3440 — Le Vigneron dans sa vigne.
3062 RENAULT et CHATEAU. Montmartre.
3063 RENAULT et LEROUGE. Le Quartier latin.
3779 RESCLAUZE. Mariage moderne.
3616 REVAL. La Cruche cassée.
2224 REYBAUD (L.). La Comtesse de Mauléon.
683 — Ce qu'on ne peut voir dans une rue.
286 César Fallempin.
287 — Jérôme Patureau à la recherche de la meilleu-
re des Républiques.
288 — Jérôme Patureau à la recherche d'une posi-
tion sociale.
3210 RICHE (D.). Agonie d'une Jeunesse.
2763 — Le Charme d'Amour.
3064 — Féconde.
3330 — Folie maternelle.
3424 — L'Oiseau rare.
3065 — Stérile.
2550 — Trouble d'âme.
3134 RICHEBOURG (E.). Cœurs de Femmes.
3066 — Les Martyrs du mariage.
1129 — Le Million du père Raclot.
1130 RICHEPIN (Jean). Les Braves Gens.
2765 — Le Cadet.
3068 — Miarka.
2475 RIVAL (J.). Annexes.
289 RIVIÈRE (H.). Le Cacique.
2476 — Les Fatalités.
684 — La Jeunesse d'un désespéré.

1408 RIVIÈRE (H.). Madame Naper.
1409 ROBERT (C.). Les Quatre sergents de La Rochelle.
3069 ROBERT (L. de). L'Anneau.
3070 — La Reprise.
2225 ROCHEFORT (H.). L'Evadé.
2226 — La Mal'aria.
2766 ROD (D.). Dernier Refuge.
2768 — La deuxième vie de Michel Tessier.
3071 — La Femme d'Henri Vanneau.
3780 — L'Incendie.
2477 — L'Innocente.
3617 — L'Inutile Effort.
2478 — Là-Haut.
2767 — Le Ménage du pasteur Naudié.
2479 — Michel Tessier.
1807 — Les Roches blanches.
2551 — La Sacrifiée.
1808 — Le Silence.
2480 RODENBACH (G.). Bruges-la-Morte.
2481 — Le Carillonneur.
2066 — La Jeunesse blanche.
2482 ROÉ (Art.). Sous l'Etendard.
1932 ROLLAND. L'Oncle Chambrun.
2483 — Sous les Galons.
3072 ROSNY (J.-H.). Les Ames perdues.
3073 — L'Indomptée.
3074 — Nell Horn.
2227 — Résurrection.
3211 — Le Roman d'un Cycliste.
3075 — Une Rupture.
2228 ROSNY (Léon). Taureaux et Mantilles.
3618 ROSSIGNOL. Mémoires.
2655 ROSTAND (Eug.). Les Sentiers unis.
2484 ROUVRE (Ch. de). A deux.
3619 ROVETTA (G.). Loulou.
3620 — Mater Dolorosa.
1821 ROY (Jules). L'An mille.
2485 ROZAN (J.). Maldonne.
3621 SAINT-AULAIRE. La Vierge de Nuremberg.
29 SAINTINE (X.). Le Chemin des Ecoliers.
290 — Picciola.
2229 — Seul.
3076 SAINT-MAURICE (R.). Le Recordman.
2864 SALANDRE (G.). L'Erreur de Geneviève.
2486 SALES (P.). Abandonnées.
3077 — La Fée du Guildo.
3078 — L'Honneur du Mari.
1933 — Les Madeleines.
1934 — La Malouine.
2230 — Mariage manqué.
2769 — Pierre Sandrac.
3079 — Le Rachat de la Femme.
2231 — Sacrifiée.
2770 — Le Secret du Blessé.

685 SAND (George). Adriani.
686 — Les Amours de l'Age d'or.
687 — André.
1410 — Autour de la table.
291 — Le Beau Laurence.
292 — Les Beaux Messieurs du Bois-Doré. 2 vol.
1336 — Cadio.
1411 — Césarine Diétrich.
688 — Le Château des Désertes.
293 — Le Château des Pictordu.
1412 — Le Chêne parlant.
294 — Les Compagnons du tour de France. 2 vol.
2232 — La Comtesse de Rudolstadt. 2 vol.
1132 — Confession d'une Jeune Fille.
295 — Constance Verrier.
1413 — Consuelo. 3 vol.
3080 — La Coupe.
1414 et 1715 — Les Dames vertes.
2771 — La Daniella. 2 vol.
3081 — La Dernière Aldini.
1415 — Les Deux Frères.
689 — Le Diable aux champs.
1416 — Elle et Lui.
296 — Flamarande.
297 — François le Champi.
298 — L'Homme de neige. 3 vol.
1133 — Indiana.
1417 — Jean de la Roche.
2772 — Jeanne.
299 — Jean Ziska.
300 — Mademoiselle Merquem.
3082 — Les Maîtres sonneurs.
301 — La Mare au Diable.
302 — Le Marquis de Villemer.
303 — La Marquise.
690 — Mauprat.
304 — Le Meunier d'Angibault.
2233 — Pauline.
691 — Le Péché de M. Antoine. 2 vol.
305 — La Petite Fadette.
306 — Pierre qui roule.
2773 — Tamaris.
307 — La Ville noire.
1134 SANDEAU (J.). Catherine.
2234 — Le Château de Montsabrey.
2774 — Un Début dans la Magistrature.
692 — Le Docteur Herbeau.
1135 — Un Héritage.
308 — Jean de Thommeray.
309 — Le jour sans lendemain.
310 — Mademoiselle de La Seiglière.
311 — La Roche aux Mouettes.
1136 — Sacs et Parchemins.
1137 SARCEY (Francisque). Etienne Moret.
312 — Les Misères d'un Fonctionnaire chinois.

524 SARCEY (Francisque). Le Mot et la Chose.
693 — Le Piano de Jeanne.
999 — Souvenirs d'âge mûr.
103 — Souvenirs de jeunesse.
314 SCHOLL (A.). Les Miettes de Paris.
1813 SCHURE (Ed.). Les grandes légendes de France.
3083 SCHWOB (M.). Spicilège.
855 SCOTT (W.). L'Abbé.
856 — L'Antiquaire.
414 — Charles le Téméraire.
857 — La Fiancée de Lamermoor.
415 — Ivanhoë.
416 — La Jolie Fille de Perth.
858 — Le Monastère.
859 — La Prison d'Edimbourg.
417 — Quentin Durward.
418 — Robert de Paris.
860 — Rob-Roy.
861 — Waverley.
695 SÉBILLOT. Contes des Paysans et des Pêcheurs.
1418 — Contes populaires de la Haute-Bretagne.
3084 SERAO (Mathilde). Adieu Amour.
3781 — Après le Pardon.
3491 — Cœurs de Femmes.
3212 — Cœur souffrant.
3213 — La Conquête de Rome.
3622 — Histoire de deux Ames.
3085 — Au Pays de Cocagne.
3411 — Vie en détresse.
3425 SIENKIEWICZ (H.). Bartek le Vainqueur.
3623 — Par le Fer et par le Feu.
3331 — Quo vadis.
3332 — Suivons-le.
2235 SILVESTRE (Armand). La Kosake.
2487 SIMMY (G.). Sacrifiés.
2657 SIMON (Jules). Mémoires des autres.
696 SOULIÉ (F.). Au jour le jour.
697 — Les Aventures de Saturnin Fichet. 2 vol.
698 — Le Château des Pyrénées. 2 vol.
2236 — Le Comte de Foix.
1935 — Le Comte de Toulouse.
2237 — Les Deux Cadavres.
2777 — Les Forgerons.
315 — Le Lion amoureux.
316 et 1936 — La Lionne.
317 — Un Malheur complet.
699 — Les Mémoires du Diable. 3 vol.
700 — Les Quatre Sœurs.
318 — Si jeunesse savait, si vieillesse pouvait. 2 vol.
1138 — Le Vicomte de Béziers.
319 SOUVESTRE (E.). Les Anges du Foyer.
701 — Au bord du Lac.
320 — Le bout du Monde.

702 SOUVESTRE (E.). Au coin du feu.
321 — Confessions d'un ouvrier.
1139 — Les Derniers Bretons. 2 vol.
322 — Deux Misères.
323 — Les Drames parisiens.
2778 — En Famille.
703 — En quarantaine.
1140 — Le Foyer breton. 2 vol.
704 — L'Honneur et l'Argent.
705 — Le Mari de la Fermière.
706 — Le Mémorial de famille.
324 — Le Mendiant de Saint-Roch.
325 — Les Péchés de jeunesse.
326 — Un Philosophe sous les toits.
2238 — Pierre et Jean.
707 — Riche et Pauvre.
2779 — Le Roi du monde. 2 vol.
1141 — Scènes de la chouannerie.
1937 — Scènes et Récits des Alpes.
708 — Les Soirées de Meudon.
709 — Sous les ombrages.
2239 — Sous la tonnelle.
710 — Souvenirs d'un vieillard.
327 — La Valise noire.
1142 STAEL (Mme de). Corinne.
1143 — Delphine.
1144 STAHL (Mme). Maroussia.
1716 STANLEY-WEYMAN. La Maison du Loup.
3086 STENDHAL (de). L'Abbesse de Castro.
2488 — La Chartreuse de Parme.
3087 — Le Rouge et le Noir.
3839 STEVENSON. Les Aventures de David Balfour
3215 — Le Dynamiteur.
1419 — L'Ile au Trésor.
3706 — Le Mort vivant.
3782 — Le Naufrageur.
3707 — Le Reflux.
2780 — Le Roman du prince Othon.
3783 STRANNIK. Les Mages sans étoile.
3624 — L'Ombre de la Maison.
1809 SUDERMANN (H.). La Femme en gris.
3088 — L'indestructible passé.
2489 — Le Moulin silencieux.
3091 SUE (Eug.). Adèle Verneuil.
3090 — Clémence Hervé.
1938 — Le Commandeur de Malte.
1940 — La Famille Jouffroy. 3 vol.
1939 — La Faucille d'or.
328 — Le Fils de famille. 3 vol.
2781 — Gilbert et Gilberte. 3 vol.
3089 — La Grande Dame.
329 — Le Juif errant. 4 vol.
330 — Le Morne au Diable.
331 — Les Mystères de Paris. 4 vol.
713 — Paula Monti.

714 SUE (Eug.). La Salamandre.
332 — Les Sept Péchés capitaux. 6 vol.
715 — Thérèse Dunoyer.
2888 SUTTNER (B.). Bas les armes.
3214 SUZE (Esther de). Journal d'une Juive au couvent.
2490 SYLVA (Carmen). Marié.
1522 — Le Roman d'une Princesse.
2240 — La Servitude de Pélesch.
1145 TACKERAY. La Foire aux Vanités. 2 vol.
2912 TCHEN-KI-TONG. Les Chinois peints par eux mêmes.
1420 — Les Parisiens peints par un Chinois.
2241 — Le Roman de l'Homme jaune.
3092 THEURIET (André). L'Affaire Froideville.
1146 — Amours d'automne.
2243 — Années de printemps.
2491 — Bigarreau.
2492 — Boisfleury.
2493 — La Chanoinesse.
2494 — Charme dangereux.
3333 — Claudette.
2244 — Cœurs meurtris.
2245 — Deux Sœurs.
3093 — Dorine.
3094 — Eusèbe Lombard.
717 — Le Fils Maugras.
334 — Le Filleul d'un Marquis.
2246 — Fleur de Nice.
1421 — La Fortune d'Angèle.
3437 — Frida.
2495 — Gertrude et Véronique.
2247 — Hélène.
3334 — Illusions fauchées.
2248 — Jeunes et vieilles barbes.
2782 — Le Journal de Tristan.
2783 — Le Lys sauvage.
1147 — Madame Heurteloup.
335 — Mademoiselle Guignon.
1523 — Mademoiselle Roche.
1148 — La Maison des deux barbeaux.
3421 — Le Manuscrit du Chanoine.
718 — Le Mariage de Gérard.
3095 — Le Mari de Jacqueline.
2496 — Les Mauvais Ménages.
3784 — Mon oncle Flo.
3492 — Monsieur Lulu.
2497 — Les Œillets de Kerlaz.
1149 — L'Oncle Scipion.
2498 — Au Paradis des Enfants.
2249 — Paternité.
2250 — Péché mortel.
3436 — La Petite Dernière.
2784 — Le Refuge.
2251 — Reine des bois.

1150 THEURIET (A.). Sauvageonne.
3493 — La Sœur de lait.
 336 — Sous bois.
2252 — Surprises d'amour.
1151 — Tante Aurélie.
1941 — Tentation.
 719 — Toute seule.
3096 — Villa tranquille.
3098 THOREL (J.). Devant le bonheur.
3625 et 3216 TINAYRE (Marcelle). Hellé.
3412 — L'Oiseau d'orage.
3626 — La Rançon.
3785 — La Rebelle.
3627 — La Vie amoureuse de F. Barbazanges.
3413 TINSEAU (L. de). La Chesnardière.
2499 — Dans la brume.
3786 — Les Etourderies de la Chanoinesse.
2865 — Maître Gratien.
3335 — Mensonge blanc.
3099 — Un Nid dans les Ruines.
3628 — Le Secrétaire de Madame la Duchesse.
2500 — Sur le Seuil.
 463 TISSOT (A.). Les Conteurs amusants.
2627 TISSOT (E.). Le Livre des reines.
2051 TISSOT (V.). Les Prussiens et l'Allemagne.
2052 — La Russie et les Russes.
1501 — Russes et Allemands.
2913 — La Société et les mœurs allemandes.
 337 TOLSTOI. Les Cosaques.
2253 — Michaïl.
3337 — Nouvelle Vie.
3336 — Résurrection.
 720 TOPFFER (R.). Nouvelles génevoises.
 721 — Le Presbytère.
 722 TOURGUENEFF. Dimitri Roudine.
 723 — Etranges histoires.
2254 — Fumée.
 724 — Mémoires d'un seigneur russe. 2 vol.
1152 — Une Nichée de gentilshommes.
 725 — Les Reliques vivantes.
1717 TROUESSART. Cœur fermé.
3630 TWAIN (M.). Les Exploits de Tom Sawyer, dé-
       tective.
 726 UCHARD (M.). La Comtesse Diane.
2255 — Inès Parker.
1154 — Madame Blaisot.
1155 — Mon oncle Barbassou.
2797 ULBACH (Louis). Les bonnes femmes.
1424 — La Chauve-Souris.
 338 — Les cinq doigts de Birouk.
 339 — L'Homme aux cinq louis d'or.
1156 — Le Mariage de Pouchkine.
1718 — Le Marteau d'acier.
1157 — M. et Mme Fernel.
2785 — M. Paupe.
2501 — Papa Fortin.

 727 ULBACH (Louis). Le Parrain de Cendrillon.
2256 — Quinze ans de bagne.
2257 — Réparation.
 728 — Le Secret de Mlle Chagnier.
1158 — Le Tapis vert.
1594 VALBERT (G.). Hommes et Choses d'Allemagne.
3100 VALLERY-RADOT (R.). L'Étudiant d'aujourd'hui.
1160 VALLÈS (J.). Le Bachelier.
1159 — L'Enfant.
1161 — L'Insurgé.
2502 — Les Réfractaires.
2945 VANDEREM (F.). Le Calice.
2786 — La Cendre.
2503 — Les Deux Rives.
3787 — La Victime.
1595 VARIGNY (G. de). La Femme aux États-Unis.
2787 VAUCAIRE (Maurice). Est-ce vivre ?
2258 VÉRON (P.). En 1900.
2259 — Le Pavé de Paris.
3102 VIGNÉ D'OCTON (P.). L'Amour et la Mort.
3217 — Martyrs lointains.
3218 — Le Pont d'amour.
1525 — Le Roman d'un timide.
2915 — Siestes d'Afrique.
3103 VIGNY (A. de). Stello.
 921 VILLEURS (de). Le Roman d'un assiégé.
2788 VILLIERS DE L'ISLE-ADAM. Contes cruels.
3101 — Nouveaux contes cruels.
1943 VINCENT (Ch.). Cœur de père.
1944 — Tout seul.
2264 VINCENT (J.). Jacques de Trévanne.
3105 VOGUÉ (M. de). Cœurs russes.
2358 — Devant le siècle.
2790 — Jean d'Agrève.
3106 — Les Morts qui parlent.
1289 — Spectacles contemporains.
3790 WELLS (H.-G.). Anticipations.
3791 — Miss Waters.
3793 — Les Pirates de la Mer.
3792 — Place aux Géants.
3794 — Quand le Dormeur s'éveillera.
3872 — Une Utopie moderne.
1526 WILLY. L'Année fantaisiste (1892).
1719 — — (1893).
1945 — — (1894).
2506 — — (1895).
2867 ZAGOULAIEFF (J.). Les Conteurs russes modernes.
3795 ZEMLAK. L'Impur.
 739 ZOLA (E.). Au bonheur des dames.
1169 — La Conquête de Plassans.
1170 — La Débâcle.
1433 — Le Docteur Pascal.

740 ZOLA (E.). La Faute de l'abbé Mouret.
3107 — Fécondité.
1721 — Lourdes.
741 — Une page d'amour.
2791 — Paris.
742 — Le Rêve.
2265 — Rome.
1171 — Son Excellence Eugène Rougon
3383 — Travail.
743 — Le Ventre de Paris.

VII

ENSEIGNEMENT PÉDAGOGIQUE

3717 BELLET (D.). Promenades amusantes autour de la Science.
1172 BERSOT. Conseils d'enseignement.
744 BERT (P.). L'Enseignement civique à l'école.
3143 BEURDELEY (P.). L'École nouvelle.
750 BOS (H.). Géométrie élémentaire.
3661 BOYER. Le Français par l'image.
745 BRÉAL (M.). Excursions pédagogiques.
2568 CADOUX (G.). Le demi-siècle d'enseignement moderne.
3868 CARDOT (E.). Le Manuel de l'Arbre.
1775 CAZES (E.). Histoire (cours supérieur).
1183 CLAPERON. Cours de comptabilité. 2 vol.
3812 CLÈRE (J.). Manuel de Lutte.
472 COCHERIS (Mme P.-W.). Histoires sérieuses sur une pointe d'aiguille.
3566 CONDÉ (M. de). L'Enseignement civique par l'Histoire.
2830 CONS (Louis). Histoire.
1445 CORNE. Éducation intellectuelle.
3814 CROUZET. Maîtres et Parents.
419 CUCHEVAL. L'Instruction publique en France.
2829 DALLIES (J.) et GUY (O.). Précis raisonné d'Histoire de France.
2881 DEMOLINS (Edmond). L'Éducation nouvelle.
1261 DORMOY (E.). Le Balta.
1763 DUBUCQUOY (A.). Manuel pratique des sociétés scolaires.
1276 DUCOUDRAY. Cours d'Histoire.
3735 FAURE (A.). La Clé des Carrières.
1173 FÉNELON. L'Éducation des filles.
2290 FICHTE. Discours à la nation allemande.
757 FLAMMARION (C.). Petite astronomie descriptive.

3681 GACHE (F.). L'Education du peuple.
3682 — La Philosophie du peuple.
3680 — La Rhétorique du peuple.
 761 GANOT (A.). Traité élémentaire de physique.
 829 GRÉARD (O.). La législation de l'instruction primaire en France (1re partie) (1789 à 1833).
1235 — — (2e partie).
  48 — L'Education des femmes.
1174 — Education et instruction.
1947 GUILLAUME (M.). Le bon comptable.
1212 HIRTZ (El.). Méthode de coupe.
3715 IRVING-HANCOCK. Jiu-Jitsu.
2507 KERGOMAR (Pauline). L'Education maternelle dans l'école.
2573 LAMBEAU (Léon). L'Enseignement professionnel à Paris (1re série).
2798 — — (2e série).
2871 — — (3e série).
3154 — — (4e série).
2828 LARIVE et FLEURY. La 3e année de grammaire.
3108 LAROUSSE (P.). Grammaire supérieure.
 752 LAUNAY (L.). Eléments d'algèbre.
2508 LAVISSE (E.). A propos de nos écoles.
1722 — Questions d'Enseignement national.
 423 LÉAUTEY. L'Enseignement commercial dans les écoles de commerce.
2882 LECLERC (Max). L'Education des classes moyennes et dirigeantes en Angleterre.
 356 LEGOUVÉ (E.). L'Art de la Lecture.
1447 — La Lecture en action.
3831 LEPETIT. Cours d'Analyse logique et d'Analyse grammaticale.
2737 LE ROUX (Hugues). Je deviens colon.
1777 LEVASSEUR et NIOX. Géographie (Cours Supérieur).
1177 LOUBENS. Proverbes et locutions.
1273 MABILLEAU (L.). Cours d'instruction civique.
1455 MACÉ (J.). L'Arithmétique du grand-papa.
3834 MALAPERT. Aux jeunes gens. Quelques conseils de Morale.
 767 MANGIN (L.). Cours élémentaire de Botanique.
1723 MARION (E.). L'Education dans l'Université.
 470 MARTIN (Em.). Origines de 200 locutions et proverbes.
3517 MERCIER (A.). L'Enseignement colonial élémentaire à l'Etranger.
1451 NOEL et CHAPSAL. Grammaire française.
1990 NOEL-VAUCLIN. Mémoires d'un instituteur français.
3717 PAYOT (J.). L'Education de la Volonté.
3666 PETIT (E.). L'Ecole de demain.
 823 — L'Ecole moderne.
2266 — De l'Ecole... au régiment.
2585 PIGIER. Commerce, comptabilité et jurisprudence.

3683 RAUBER (Mme). Exercices de Style et de Composition française.
3684 — Principes et Exercices de Composition française.
1267 ROCHARD (D^r). L'Education de nos Filles.
1452 ROCHEROLLES et PESSONNAUX. Grammaire et Littérature.
3503 ROUAIX (P.). Dictionnaire manuel des Idées suggérées par les Mots.
1178 ROUSSEAU (J.-J.). Emile ou de l'Education.
2509 ROZAN (Ch.). Petites ignorances de la conversation.
3631 SAINT-CLAIR (G. de). Les Sports athlétiques.
1503 SAMSON (Mme). Une Education dans la Famille.
1504 — La Vie d'une Femme du Monde.
1675 SARDOU (Al.). Petite guerre à l'ignorance et à l'erreur.
800 SCHEFER (Mme). Méthode élémentaire de coupe et d'assemblage.
3685 SCHEFER (P.). Dictionnaire des qualificatifs.
747 SCHEFER et AMIS (Mmes). Travaux manuels et Economie domestique.
748 SCHMIT. La Pédagogie du travail manuel.
1815 SÈCHE (Léon). Educateurs et Moralistes.
1191 SEHE et STREHLY. Manuel de l'exercice physique.
1269 SIMON (Gustave). L'Art de vivre.
746 SIMON (Jules). L'Ecole.
3830 SOREPH (G.). La Comptabilité.
749 SPENCER (H.). Education intellectuelle, morale et physique.
3224 STAFFE (baronne). La Maîtresse de maison.
3225 — Les Usages du Monde. Règles du savoir-vivre.
1181 VAREMBERG et OVRÉE. Questionnaire d'Histoire contemporaine.
1180 — Histoire du Moyen-Age.
1527 VESSIOT. De l'Enseignement à l'Ecole.
1179 VINCENT (P.). Cours de Pédagogie.
875 WADERVILLE (de). Le Monde et ses usages.
3710 WEBER (E.). Sports athlétiques.
2592 Bulletin de l'Instruction primaire de la Seine, 1896.
2593 — — 1897.
3135 — — 1898.
3226 — — 1899.
3150 VILLE DE PARIS. Fête de l'Adolescence.
3161 — Inauguration des bâtiments de l'école J.-B. Say.
3272 — Historique et fonctionnement du patronage laïque du 3e arrondissement.

VIII

SCIENCES MATHÉMATIQUES

1182 ANDRÉ (Ed.). Arithmétique commerciale.
1453 ANDRÉ (D.). Arithmétique des écoles.
2587 CALLET (François). Tables des Logarithmes.
751   DUPUIS. Tables des Logarithmes.
1454 LANG et BRUEL. Arithmétique et Géométrie.
1475 MARION (F.). — Optique.
1776 PATISSIER (A.). Arithmétique (cours moyen).
1456 ROZAN (Ch.). Leçons de Géométrie élémentaire.
863   SONNET. Géométrie théorique et pratique.
1184 VILLETTE et COURCENET (H.). Eléments de
      Géométrie pratique.
1185 — 550 problèmes de géométrie pratique.

IX

SCIENCES PHYSIQUES ET NATURELLES

753   BAILLE (J.). L'Electricité.
1462 — — Productions.
1463 BARDIN. Grottes et cavernes.
1464 BERT (P.). Lectures sur l'histoire naturelle des
      animaux.
1950 BOCQUILLON (H.). La vie des Plantes.
1465 BONNIER et SEIGNETTE. Eléments de Scien-
      ces physiques et naturelles.
3636 BOUANT (E.). Dictionnaire manuel des Sciences
      usuelles.
754   — Les grands froids.
1467 BOURGOIN. Le règne animal.
755   BOUTET DE MONVEL. Notions de Chimie.
1951 BREVANS (de). Migration des Oiseaux.
1195 BUFFON. Morceaux choisis.
1468 CAZIN (A.). La Chaleur.
1952 — L'Etincelle électrique.
1953 — Les Forces physiques.
3813 COUPIN (H.). Les Bêtes chez elles et dans le
      Monde.
3720 — Les Bizarreries des races humaines.
3721 — Les Plantes.

3841 COUPIN (H.). Promenades scientifiques au pays des Frivolités.
3820 — La Vie curieuse des Bêtes.
1948 DEHERRYPON. Les Merveilles de la Chimie.
1469 DEPPING. Merveilles de la Force et de l'Adresse.
3157 DIVERS. L'Electricité.
3274 DUPONT (François). Congrès de Chimie appliquée.
 421 DUVAL (M.). Le Darwinisme.
2510 FAIDEAU (F.). Les amusements scientifiques.
1197 FLAMMARION (C.). Dans le Ciel et sur la Terre.
3441 — Les Eruptions volcaniques et les Tremblements de terre.
2511 — La Fin du Monde.
 758 — Les Merveilles célestes.
 759 — Les Mondes imaginaires et les Mondes réels.
 760 — La Pluralité des Mondes.
3109 — Récits de l'Infini.
1471 FOCILLON. Sciences physiques et naturelles.
1198 FONVIEILLE (W. de). Eclairs et Tonnerres.
1954 — Le Pétrole.
1472 FOVEAU DE COURMELLES. L'Hypnotisme.
 762 GARNIER (E.). Les Nains et les Géants.
1486 GARRIGUES. Sciences. Arts. Industrie.
1260 GÉRARDS (E.). Les Catacombes de Paris.
1199 GIFFARD (P.). La Lumière électrique expliquée à tout le monde.
1200 — Le Phonographe.
1201 — Le Téléphone.
1955 GIRARD (M.). Métamorphoses des insectes.
1473 GOSSIN. Notions de Physique et de Chimie.
 763 GRIMARD. Le Jardin d'acclimatation.
1725 GUILLEMIN. Eléments de Cosmographie.
1202 — Le Son.
1203 — La Vapeur.
1457 HETET. Cours de Chimie générale élémentaire. 2 vol.
1474 LANDRIN (A.). Les Monstres marins.
2590 LANESSAN (de). Le Transformisme.
 764 LANOYE (de). L'Homme sauvage.
1204 LEBLANC (R.). Sciences physiques et naturelles.
2513 LE BRETON (Mme J.). Histoire et application de l'Electricité.
3227 LE CLERCQ (Julien). La Physionomie.
1739 LES BAZEILLES (E.). Les Colosses anciens et modernes.
3821 LETANG (comte de). Nouvelle méthode de Pisciculture.
 765 MACÉ (J.). Histoire d'une bouchée de pain.
 766 — Les Serviteurs de l'estomac.
 864 MAINDRON. Les Hôtes d'une Maison parisienne.
1205 MICHELET (J.). L'Insecte.
1206 — L'Oiseau.
2000 NOFF-ALI. Œuf de graine.

2514 OLIVIER (Urbain). Récits de Chasse et d'Histoire naturelle.
3648 PERRIER (E.). Le Corps de l'Homme.
768 — Eléments de Zoologie.
1794 PIZZETTA. Au bord de la Mer.
1795 — Plantes et Bêtes.
1458 RADAU. L'Acoustique.
1207 — Le Magnétisme.
2273 RAYNALY. Conférences sur le Magnétisme.
2275 — La Vérité sur la mnémotechnie.
1461 SAFFRAY (Dr). Sciences physiques et naturelles.
963 SAUVAGE. La Grande Pêche (les animaux inférieurs).
962 — — (les poissons).
769 SIMONNIN (L.). Les Merveilles du Monde souterrain.
782 — L'Or et l'Argent.
770 SONREL. Le fond de la Mer.
1957 TISSANDIER (G.). Les Fossiles.
2591 VELAIN (Ch.). Géologie.
1726 WARIGNY (de). Curiosités de l'Histoire naturelle.
771 ZURCHER et MARGOLLE. Volcans et Tremblements de terre.

X

AGRICULTURE. — INDUSTRIE. — MÉTIERS. COMMERCE

3148 AMAIL (V.). Manuel des alliages d'or et d'argent.
2267 AVENEL (H.). Le Monde des journaux.
1734 BABEAU (Albert). Les arts et métiers au Moyen-Age.
1209 BARBOT. Guide pratique du Joaillier.
838 BIARD (L.). Mes promenades à travers l'Exposition (1889).
3504 BOUANT (E.). Dictionnaire manuel des Connaissances pratiques.
1466 — Les Merveilles du Feu.
2518 BOUCHOT (H.). La Lithographie.
1482 BOUVIER et LETRAIT. Leçons d'Agriculture.
3811 BRISSON (P.). Histoire du Travail et des Travailleurs.
3276 CAIROL (J.). La Nouvelle-Calédonie minière et agricole.
1203 CHERVILLE (de). Lettres de mon Jardin.
1210 CHEVALIER (Arth.). L'Etudiant photographe.

772 COLLIGNON. Les Machines.
1483 COURTOIS-GÉRARD. Manuel pratique de Jardinage.
773 DEHARME. Les Merveilles de la Locomotion.
1965 DEHERRYPON. La boutique de la Marchande de poissons.
1724 DEJONC. La Mécanique pratique.
1484 DELON. Le Fer, la Fonte, l'Acier.
865 — Histoire d'un Livre.
3158 DIVERS. Le Costume et la Mode.
3159 — La Cuisine.
3160 — La Photographie.
1727 DUBIEF (E.). Le Journalisme.
1211 DUBIEF (L.-F.). La Fabrication des liqueurs.
775 ERNOUF (baron). Les Inventeurs du Gaz et de la Photographie.
3649 FARMAN (H.). L'Automobile.
1196 FIGUIER (Louis). L'Année scientifique (1891).
1728 — — (1893).
1949 — — (1894).
776 — Les Eaux de Paris.
777 et 1485 — Les grandes inventions modernes.
2792 GALTIER-BOISSIÈRE. Cycliste et bicyclette.
779 GARNIER (J.). Manuel du Ciseleur.
2515 GAUTIER (E.). Année scientifique et industrielle, 1895-1896, 2 vol.
2793 — — 1897.
3110 — — 1898.
3228 — — 1899.
3339 — — 1900.
3442 — — 1901.
3497 — — 1902.
3869 — — 1903.
3639 — — 1904.
3817 — — 1905.
3870 — — 1906.
1259 GENTY. Le Petit Menuisier. 2 vol.
1991 — — (2e partie).
1487 GRAFFIGNY (de). L'Ingénieur électricien.
2474 GRANGEON. Voyage à travers la Maison.
2825 GRÉBAUVAL (Arm.). Le Gabelou.
2794 GRESSENT (P.). L'Arboriculture fruitière.
3111 — Parcs et Jardins.
2795 — Le Potager moderne.
780 GUILLEMIN. Les Chemins de fer. 2 vol.
3342 HACHETTE. Almanach (édition 1901).
3340 HALLAYS (A.). A travers l'Exposition de 1900.
1222 HAVART (H.). La Menuiserie.
1213 HOUZÉ. Le Livre des métiers manuels.
1478 JURIEN DE LA GRAVIÈRE. La Marine d'aujourd'hui.
1764 KRANTZ (Camille). Rapports sur la participation de l'Algérie et de la Tunisie à l'Exposition (1889).
3833 LANGONET (H.). Manuel d'Outillage.

1488 LEFEVRE (A.). Parcs et Jardins.

 781 LENORMAND, JANVIER et MAGNIER. Manuel de l'Horloger.

2796 MACKENSTEIN. Manuel simplifié de photographie.

1489 MAIGNE. Leçons sur l'Agriculture et le Commerce.

 471 MEIFREDY. Traité pratique de Comptabilité.

3341 MICHOTTE (F.). Les Moteurs modernes.

1490 MOREAU. Guide du Bijoutier.

1740 MOYNET (M.-J.). L'Envers du Théâtre.

 796 NARJOUX. Histoire d'un Pont.

1491 OCAGNE. Grandes Ecoles de France. 2 vol.

1492 ORTOLAN. Guide de l'ouvrier mécanicien.

1536 PAQUET-MILLE. Nouveau guide pratique des Jeunes Filles.

1793 PIZZETTA. A travers bois.

1792 — A travers champs.

1214 — Manuel de Photographie pratique.

1493 POIRÉ (P.). Simples lectures sur les principales industries.

1495 ROLLAND et MABYRE. Poste. Télégraphe. Téléphone.

3398 ROUYER (J.). Coup d'œil rétrospectif sur la Lunetterie.

2272 SAINT-PAUL. Notions de pratique des travaux.

1747 SEIGNOBOS (Mme). Le Livre des petits Ménages.

3499 SOULIER (A.). Les grandes applications de l'Electricité.

1731 TERNANT (A.). Les Télégraphes. 2 vol.

 783 TISSANDIER (G.). Recettes et procédés utiles.

 784 — La Science pratique.

3828 TRONCET (M.). La Basse-Cour.

3829 — Le Jardin d'agrément.

3500 TRONCET et DELIEGE. L'Arboriculture pratique.

3711 VIEUROUD-THIAIS. La Motocyclette.

3399 VILLE DE PARIS. Fêtes et Congrès de l'Exposition universelle de 1900.

3456 — Première Exposition internationale des Arts et Métiers féminins.

1942 VIMONT (Ch.). Histoire d'un Navire.

1215 VIOLLET-LE-DUC. Comment on construit une maison.

1216 — Comment on devient dessinateur.

 866 — Histoire de l'habitation humaine.

1732 VUIBERT. Annuaire de la jeunesse (1894).

3637 ZOLLA (D.). Dictionnaire manuel d'Agriculture.

1729 DIVERS. Conférences sur la science et l'art industriel (1889).

1730 — — (1890).

1796 — Bibliothèque scientifique.

2834 — Monographie de l'Ecole Braille.

3275 — Catalogue général officiel de la section allemande à l'Exposition universelle de 1900.

XI

SCIENCES MÉDICALES. — HYGIÈNE

2516 D'AMMON (Dr F.-A.). Le Livre d'or de la jeune femme.
2283 BAUDOUIN (Dr Marcel). Les Hôpitaux aux Etats-Unis.
3713 BOINET. Les Doctrines médicales.
2281 CACHEUX (E.). Le Sauvetage en France et à l'étranger.
1789 CAMPAGNOLE (E.). L'Assistance médicale gratuite.
3632 CAUSTIER. La Vie et la Santé.
3505 CLÉMENT (J.). La Santé ou la Médecine populaire.
1262 CORNET (P.). L'art d'administrer les médicaments aux enfants.
1579 COYECQUE. L'Hôtel-Dieu de Paris au Moyen-Age. 2 vol.
3534 FAUCHON (Dr). La Tuberculose.
3400 FONTANGES (H.). Les Femmes docteurs en médecine dans tous les pays.
1989 GALTIER-BOISSIÈRE. Notions d'hygiène pratique.
1773 GAUBERT (B.). Les chambres mortuaires d'attente.
2873 GOULLIN (J.-A.). La Mode sous le point de vue hygiénique.
3670 JUILLERAT. Le Casier sanitaire des Maisons.
1988 LABORDE. La Lutte contre l'Alcoolisme.
3391 LADREIT DE LACHARRIÈRE. Que doit-on boire ?
3529 LAURENT (Dr H.). Manuel d'Hygiène populaire.
785   LE PILEUR. Le Corps humain.
1570 MANFRINI. Traité sur l'alimentation.
1733 MANGIN (L.). Eléments d'hygiène.
3633 MANDOZA. En attendant le médecin.
3520 MARTIAL (Dr). Notions d'Hygiène féminine populaire.
360   MONIN (Dr E.). L'Alcoolisme.
1217 — Hygiène du travail.
422   — La Propreté de l'individu et de la maison.
3501 — Les Remèdes qui guérissent.
3502 — La Santé par l'exercice.
2848 MONTHEUIL. L'Assistance publique à l'Etranger.

3532 PINARD (Dr). La puériculture.
3449 PLICQUE (Dr). Précis populaire d'Hygiène pratique.
3450 PLICQUE et VERHAEREN. La Cure de la Tuberculose dans les sanatoriums français.
 361 REBOUIS. La Peste.
3660 RICHARDIN. L'Art de bien manger.
2846 ROTSCHILD (Dr H. de). L'Allaitement fixe et l'allaitement artificiel.
2845 — Hygiène de l'allaitement (conférences).
2847 — — (conférences).
1237 ROUSSELET (Albin). Les secours publics en cas d'accidents.
 786 SAFFRAY (Dr). Les Remèdes des champs. 2 vol.
3712 SAINT-AUBIN (Dr). Comment on se préserve des maladies d'estomac.
3675 TERWAGNE (Dr). Portez-vous bien.
1584 TOLLET (G.). De l'assistance publique et des hôpitaux jusqu'au xixe siècle.
1585 — Les Hôpitaux au xixe siècle.
2583 TUETEY (Alexandre). L'Assistance publique à Paris pendant la Révolution.
3518 VILLE DE PARIS. Réception de la Conférence sanitaire internationale de Paris.

XII

SCIENCES MILITAIRES

1186 BLONDEL (A.-L.). Coup d'œil sur les devoirs et l'esprit militaires.
1187 BRIALMONT. Les Camps retranchés.
2092 CAHU (Th.). Le soldat français à travers l'histoire.
 494 CASTELLANE (de). Souvenirs de la vie militaire en Afrique.
 428 CUDET. Histoire des Corps de troupe.
2849 DÉRUÉ (Lieutenant-Colonel). La réduction du service militaire.
1188 DURUY (A.). Épisodes d'histoire militaire.
 787 DUTHEIL. Les Devoirs du soldat.
3229 GUERRE (A.). L'Avenir de la Torpille.
 788 HENNEBERT. Les Torpilles.
1189 LEWAL (Général). L'Agonistique.
1476 M... J... NY (Général). Situation stratégique de la France.
1190 NEUKOMM. Histoire de la musique militaire.

1481 PASCAL. Le Livre de l'élève soldat.
 427 — La Mobilisation.
1192 SUZANNE (Général). Histoire de l'Artillerie française.
1193 — Histoire de la Cavalerie. 3 vol.
2242 THEO-CRITT. Journal d'un officier malgré lui.
 333 THÉRY. Sous l'uniforme.
 729 VALLERY-RADOT. Journal d'un volontaire d'un an.

XIII

BEAUX-ARTS

2584 ALPHAND et (Baron) ERNOUF. L'Art des jardins.
3865 — L'Art et les Artistes. 2 vol.
3864 — Art et Décoration. 2 vol.
1958 BABELON. La gravure en pierres fines.
3714 BAYET. Précis d'Histoire de l'Art.
1496 BOUCHOT (H.). J. Callot.
1497 CARTERON. Introduction à l'étude des Beaux-Arts.
 791 CASTEL. Les Tapisseries.
1583 CLEUZIOU (Henri du). L'Art national. 2 vol.
1219 DELABORDE (Vicomte). La Gravure.
 473 et 1220 DESLYS (Ch.). Les Orfèvres français Un antiquaire.
1737 DIEHL (Ch.). Excursions archéologiques en Grèce.
 774 DIEULAFAIT. Diamants et pierres précieuses.
3506 DILLAYE (F.). L'Art en photographie.
3508 — Le Développement en photographie.
3644 — Les Nouveautés photographiques (1905).
3507 DILLAYE (F.). Le paysage artistique en photographie.
3642 — La Pratique en photographie.
3643 — Le Tirage des épreuves en photographie.
 793 DUPLESSIS. Les Merveilles de la gravure.
2143 FEBVRE. Au bord de la scène.
3815 GAULTIER (P.). Le Rire et la Caricature.
3816 — Le Sens de l'Art.
1533 GERSPACH. La Manufacture nationale des Gobelins.
3112 — La Mosaïque.
3635 GEYMET. Traité de photogravure.

2517 HAVARD (Henry). La Céramique (Histoire et fabrication). 2 vol.
1221 — La Décoration.
1223 — L'Orfèvrerie.
1959 — La Verrerie.
1224 JACQUEMART (A.). Les Merveilles de la Céramique. 3 vol.
2841 JOUIN (H.). Le Musée d'Angers.
1225 LACOMBE. Les Armes et les Armuriers.
794 LASTEYRIE (de). Histoire de l'Orfèvrerie.
2327 LAVIGNAC (Albert). Voyage artistique à Bayreuth.
1226 LEFÈVRE (A.). Merveilles de l'Architecture.
1738 LEFORT (P.). La Peinture espagnole.
476 LENORMANT (F.). Monnaies et Médailles.
1960 LEROY SAINT-AUBERT. Histoire de la Peinture en France.
1227 MARMOTTAN. Les Statues de Paris.
1228 MARTIN (Alexis). Faïences et Porcelaines.
795 MÉNARD (R.). Les curiosités artistiques de Paris, Versailles et Saint-Germain.
1741 MOLINIER (E.). L'Emaillerie.
2519 NENOT. La Nouvelle Sorbonne.
3873 NIEWENSGLOWSKI. Applications de la photographie.
3819 — Traité complémentaire de photographie pratique.
3874 — Traité élémentaire de photographie.
1586 NORMAND (Ch.). L'Hôtel de Cluny.
1962 POUVOURVILLE (Albert de). L'Art indo-chinois.
1963 ROGER-MILÈS. La Bijouterie.
406 ROUSSELET (A.). Notes sur l'ancien Hôtel-Dieu.
3498 RUCKERT (C.). La photographie des couleurs.
797 SAUZAY. La Verrerie.
3665 VALTON (E.). Les Monstres dans l'Art.
1254 VEYRAT (G.). Les Statues de l'Hôtel-de-Ville.
798 VIARDOT. Les Merveilles de la Peinture. 2 vol.
799 — Les Merveilles de la Sculpture.
2836 VILLE DE PARIS. Fête des Beaux-Arts.
3149 — Inauguration du Musée Cernuschi.
3141 — Inauguration du Musée historique de la Ville de Paris.
3678 ***. Troisième Congrès international de l'art public.
1742 VOGT (G.). La Porcelaine.

XIV

MUSIQUE

802 ADAM (A.). Le Chalet.
1238 — Si j'étais Roi.
790 — Souvenirs d'un Musicien.
1548 — Le Toréador.
2817 AUBER (D.). Le Domino Noir.
3113 — Fra Diavolo.
803 — Haydée.
3252 — La Muette de Portici.
1751 AUDRAN (Edmond). L'Article de Paris.
1748 — La Fiancée des Vers-Poteaux.
804 — Le Grand Mogol.
805 — La Mascotte.
1549 — Miss Hélyett.
1749 — Les Noces d'Olivette.
1750 — Le Puits qui parle.
1249 AUTEURS DIVERS. Albums de Musique de piano.
1250 — —
1252 — —
1253 — —
2809 BEETHOVEN. Fidelio.
432 — Valses et Marche funèbre.
1532 BELLAIGUE. L'Année musicale (1891).
1735 — L'Année musicale et dramatique (1892).
1736 — — (1893)
2001 BERLIOZ (H.). Damnation de Faust.
3253 — Roméo et Juliette.
2521 — Les Troyens.
1970 BERNICAT et MESSAGER. François les Bas-Bleus.
1239 BIZET (G.). L'Arlésienne.
806 — Carmen.
2808 — La Jolie Fille de Perth.
2002 — Les Pêcheurs de perles.
807 BOIELDIEU. La Dame blanche.
1550 BRUNEAU (A.). L'Attaque du Moulin.
2522 — Messidor.
3345 — L'Ouragan.
2523 — Le Rêve.
3254 CHABRIER (E.). Briséis.
3255 — Gwendoline.
3256 — Le Roi malgré lui.
3230 CHARPENTIER (G.). Louise.
3231 — La Vie du poète.

433 CHOPIN. Préludes et Polonaises.
1218 COLLIN (L.). De la Musique et des Musiciens.
792 COLOMB (C.). La Musique.
808 DAVID (Félicien). Lalla-Rouk.
3384 DEBUSSY (C.). Pelléas et Mélisande.
1968 DELIBES (Léo). Coppélia.
3232 — Jean de Nivelle.
1240 — Lakmé.
2816 — Le Roi l'a dit.
3233 — La Source.
2003 — Sylvia.
2524 DONIZETTI. Don Pasquale.
809 — La Favorite.
2004 — La Fille du Régiment.
3114 — Lucie de Lammermoor.
1979 DUBOIS (Th.). Xavière.
1770 DUPUY (Louis). Mélodies pour violon et piano.
2005 DUVERNOY. Hellé.
3257 ERLANGER (Camille). Le Juif polonais.
2525 — Kermaria.
1263 FLAMINIO. Album de Musique.
1264 — —
1767 — —
1986 — —
2572 — Valses chantées.
3115 FLOTOW (F. de). Martha.
2805 FRANCK (César). Béatitudes.
3234 — La Procession.
3235 — Rédemption.
3258 GEDALGE (A.). Phébé.
2803 GLUCK. Alceste.
3259 — Armide.
3260 — Iphigénie en Aulide.
3261 — Iphigénie en Tauride.
2006 — Orphée.
1978 GODARD (B.). La Vivandière.
810 GOUNOD (Ch.). Faust.
1552 — Mélodies. 4 vol.
2345 — Mémoires d'un artiste.
1241 — Mireille.
3236 — La Reine de Saba.
1242 — Roméo et Juliette.
1551 — Sapho.
811 GRÉTRY. Richard Cœur-de-Lion.
2007 GUIRAUD et SAINT-SAENS. Frédégonde.
2810 HAHN. L'Ile du Rêve.
812 HALÉVY. La Juive.
434 HAYDN. Sonates.
2008 HÉROLD. Le Pré aux Clercs.
813 — Zampa.
1752 HERVÉ. La Chanteuse des rues.
3237 — Le Petit Faust.
1973 HOLMÈS (Augusta). La Montagne Noire.
2362 HUMPERDINCK (E.). Hansel et Gretel.
2807 D'INDY (Vincent). Fervaal.

3116 LALO (E.). Le Roi d'Ys.
3117 LECOCQ (Ch.). Le Cygne.
 814 — La Fille de Madame Angot.
3443 — Giroflé-Girofla.
3263 — Le Petit Duc.
3118 LEONCAVALLO. La Bohème.
3314 LEROUX (X.). Astarté.
2811 — Evangéline.
2009 MAILLART. Les Dragons de Villars.
3238 MARTY (G.). Le Duc de Ferrare.
2526 MASCAGNI (P.). Chevalerie rustique
1553 MASSÉ (Victor). Galathée.
 815 — Les Noces de Jeannette.
2010 — Paul et Virginie.
3264 — Les Saisons.
3119 MASSENET. Cendrillon.
 816 — Le Cid.
3239 — Don César de Bazan.
3240 — Les Erinnyes.
3241 — Esclarmonde.
1554 — Hérodiade.
2801 — Le Mage.
1555 — Manon.
3242 — Marie-Magdeleine.
1974 — La Navarraise.
3243 — Phèdre (ouverture).
3347 — Phèdre.
2011 — Le Roi de Lahore.
2802 — Sapho.
1977 — Thaïs.
1556 — Werther.
3244 MEHUL. L'Irato.
 435 — Joseph.
1961 MELIOT (A.). La Musique expliquée aux gens
      du monde.
 436 MENDELSSOHN. Œuvres. 4 vol.
3245 MESSAGER (A.). La Basoche.
3120 — Véronique.
1243 MEYERBEER. L'Africaine.
 817 — Les Huguenots.
2012 — Le Pardon de Ploërmel.
 818 — Le Prophète.
2013 — Robert le Diable.
3144 MISSA (E.). Muguette.
 437 MOZART. Don Juan.
3265 — Don Juan (avec paroles).
3121 — La Flûte enchantée.
 438 — Les Noces de Figaro.
1753 OFFENBACH (J.). Belle Lurette.
3216 — La Belle Hélène.
3266 — Les Brigands.
3247 — La Fille du Tambour-Major.
 819 — Orphée aux Enfers.
1535 OUVREUSE DU CIRQUE D'ÉTÉ. Bains de Son.
 820 PALADILHE. Patrie.

3248 PIERNÉ (G.). Le Docteur blanc.
3348 — La Fille de Tabarin.
 821 PLANQUETTE (R.). Les Cloches de Corneville.
1557 —. Rip-Rip.
2806 PUCCINI. Vie de Bohême.
3122 PUGET (Paul). Beaucoup de bruit pour rien.
1558 REYER. Salammbô.
1244 — Sigurd.
3445 — La Statue.
 822 ROSSINI. Le Barbier de Séville.
1245 — Guillaume Tell.
3249 — Othello.
3250 — Sémiramis.
2815 ROUSSEAU (S.). La Cloche du Rhin.
3385 SAINT-SAËNS. Les Barbares.
2799 — Déjanire.
3123 — Javotte.
2527 — Étienne-Marcel.
3446 — Henri VIII.
1559 — Phryné.
2800 — Proserpine.
1560 — Samson et Dalila.
1251 SCHUBERT. Quinze mélodies.
3345 SCHUMANN. Faust.
3386 — Mélodies. 2 vol.
1754 SERPETTE. Le Petit Chaperon Rouge.
3267 SUPPÉ (de). Poète et Paysan (ouverture pour
      piano).
2014 THOMAS (A.). Le Caïd.
1972 — Hamlet.
1246 — Mignon.
3124 — Le Songe d'une Nuit d'été.
1755 VARNEY (Louis). Dix jours aux Pyrénées.
3510 — Les Mousquetaires au couvent.
1756 — Les Petits Mousquetaires.
1757 VASSEUR. Le Roi d'Yvetot.
1967 VERDI. Aïda.
1758 — Les Brigands de Schiller.
1969 — Falstaff.
1759 — Jeanne d'Arc.
1760 — Macbeth.
1975 — Othello.
2015 — Rigoletto.
1247 — Le Trouvère.
3268 — Violetta (La Traviata).
3125 et 3231 VIDAL (Paul). La Burgonde.
1971 — Guernica.
2016 — Maladetta.
3126 WAGNER (R.). Le Crépuscule des Dieux.
1248 — Lohengrin.
2529 — Les Maîtres Chanteurs.
3269 — L'Or du Rhin.
2814 — Parsifal.
3270 — Rienzi.
3127 — Siegfried.

1976 WAGNER (R.). Tannhauser.
2804 — Tristan et Yseult.
2528 — Le Vaisseau-fantôme.
1561 — La Valkyrie.
2813 WEBER. Euryanthe.
439 — Le Freischütz.
3271 — Le Freischütz (avec paroles, allemand et français).
2812 — Obéron.
1761 WENZEL. Le Dragon de la Reine.
3128 WORMSER (A.) L'Etoile.
1547 X... Recueil de morceaux choisis pour piano.

XV

LANGUES ÉTRANGÈRES

3657 CARROUÉ. Cours d'anglais commercial.
3658 — Cours élémentaire d'anglais commercial.
3630 DRESCH. L'Allemagne (en allemand).
1175 LE ROY. Recueil de versions allemandes (textes).
1176 — — (versions).
862 — Sujets de compositions latines.
2520 OTTO (E.). Nouvelle grammaire allemande.
3659 ***. Guide français-anglais, avec prononciation.

XVI

BIBLIOTHÈQUE ENFANTINE

3842 AGEORGES. Contes de mon oncle Paterne.
1444 AMICIS (de). Les Grands Cœurs.
835 ASSOLANT (A.). Chasse aux lions.
543 — Deux amis en 1792.
128 — Récits de la vieille France.
1509 AUDOIN. Aventures de Mathurin Gonce.
1946 BASILE (Adrien). Le Livre du bon Français.
3844 BERRET. Au pays des Brûleurs de loups.
142 BERTHET (El.). L'Enfant des Bois.
1866 — La Petite Chailloux.

34 BIART (L.). Aventures d'un jeune naturaliste.
927 — Entre deux Océans.
929 — Le Roi des Prairies.
464 BLANCHÈRE (de la). Récits de pêche et de voyage.
845 — Sous les eaux.
146 BOISSONNAS (Mme B.). Une Famille pendant la guerre.
1825 BOMBONNEL. Chasses.
1966 BOSGUÉRARD. Bohèmes et braves gens.
2388 BOUSSENARD (L.). Sans le sou.
1867 BOUSSENARD et MALIN. Orphelin.
932 BRUNO. Francinet.
933 — Le Tour de France.
38 BUJON. Petite histoire de Paris.
3219 CAHU (Th.). Un Héritage dans les airs.
1039 CÉLIÈRES. Le Chef-d'œuvre du papa Schmetz.
1042 — Une Exilée.
1041 — Quand il pleut.
1040 — Le Roman d'une mère.
149 CERVANTES (M.). Histoire de Don Quichotte de la Manche.
2296 CHAILLEY-BERT (J.). Tu seras commerçant.
935 CHALAMET. Jean Felber.
156 CHERVILLE (de). Le Coureur des bois.
1873 CIM (Alb.). Entre camarades.
1516 COLOMB (Mme). Franchise.
447 — Le Violoneux de la Sapinière.
1876 COMPAYRÉ (G.). Yvan Gall.
1351 DESNOYERS. Mésaventures de J.-P. Choppart.
175 DICKENS. Contes de Noël.
1887 — Historiettes et récits du foyer.
2982 DUMAS (Al.). Histoire d'un casse-noisette.
604 — Le Père Gigogne. 2 vol.
2407 DUMOULIN (M.-G.). Aventures d'un écolier en rupture de ban.
3647 DUPUIS (E.). Un trio d'amis.
1470 FABRE (J.-H.). Maître Paul.
1901 FLEURIOT (Z.). Un Fruit sec.
73 FOE (D. de). Robinson Crusoé.
1075 FRANCE (A.). Le Crime de Sylvestre Bonnard.
3641 FRIEDEL (J.). Les Leçons de l'oncle Jean.
1446 GANNERON. Tu seras citoyen.
20 GÉRARD (J.). La Chasse aux lions.
21 — Mes Dernières Chasses.
1620 — Voyages et Chasses.
1088 GRIMM. Contes choisis.
3651 GUÉCHOT. Le bon géant Gargantua.
3823 — Passe-Partout et l'Affamé.
3824 — Théâtre de famille.
646 HALT (Rob.). Histoire d'un petit homme.
389 HOUSSAYE (Ars.). Le Violon de Franjolé.
1092 LAURIE (A.). Une année de collège à Paris.
949 — Le capitaine Trafalgar.
2733 — L'Écolier d'Athènes.

3652 LAURIE (A.). L'Escholier de Sorbonne.
3220 — Gérard et Colette.
950 — L'Héritier de Robinson.
1094 — Histoire d'un écolier hanovrien.
1095 — Mémoires d'un écolier russe.
1373 — Mémoires d'un collégien russe.
1375 — Le Nain de Rhadameh.
951 — Les Naufragés de l'espace.
1302 — De New-York à Brest en sept heures.
3414 — L'Oncle de Chicago.
3825 — Un semestre en Suisse.
3494 — Le Tour du Monde d'un Bachelier.
1479 LAVISSE (E.). Tu seras soldat.
1283 LEFRANÇAIS. Lectures patriotiques sur l'histoire de France.
1701 LEMAIRE (Jacques). Le tambour-major Flambardin.
3772 LEMAITRE (Cl.). Cadet Ouioui.
1787 LÉO (André). Les Aventures d'Edouard.
1788 — Une maman qui ne punit pas.
1448 LEROUX et MONTILLOT. Une Famille.
1449 LINDEN (A.). Histoire du grand-papa Gilbert.
409 — Le Magot de la Chine.
3509 MAEL (P.). La Fée des Iles.
3840 — Le Forban noir.
1105 MARC-MONNIER. Gian et Hans.
2459 MARGUERITTE (P. et V.). Poum (Aventures d'un petit garçon).
1272 MATRAT (P.). Tu seras prévoyant.
1786 MAUREIL-PAROT (Elia). Le Devoir de demain.
1113 MAYNE-REID. A fond de cale.
263 — A la mer.
1925 — Bruin ou les Chasseurs d'ours.
665 — Les Chasseurs de chevelures.
1115 — Les Chasseurs de girafes.
1926 — Les Chasseurs de plantes.
1402 — Le Chef au bracelet d'or.
1391 — Le Désert d'eau.
264 — Les Deux Filles du Squatter.
1392 — Les Emigrants du Transvaal.
666 — Le Gantelet blanc.
1927 — Les Grimpeurs de rochers.
1393 — Les Jeunes Esclaves.
1401 — Les Jeunes Voyageurs.
1395 — La Montagne perdue.
1396 — Les Naufragés de Bornéo.
1394 — Le Petit Loup de mer.
3343 — La Piste de guerre.
1397 — Les Planteurs de la Jamaïque.
667 — Les Vacances des jeunes Boërs.
1114 — William le Mousse.
852 MEYER. Le Mousse de Portjiou.
671 MULLER (E.). Le Nouveau Robinson suisse.
1450 NICOLAS. Tu seras chef de famille.

3847 PASCAL (E.). Journal d'un petit Parisien pendant le Siège.
3668 PASSY (F.). Les Causeries du grand-père.
3676 PETIT (E.) et LAMY (G.). Jean Lavenir.
3777 PETTIT. Le Chinois de Mademoiselle Bambou.
1494 RENARD et MARTINE. Zigzags à travers la France.
3845 ROLAND. Les Jumeaux du Transvaal.
3838 SALGARY (E.). Au pôle sud en bicyclette.
3837 SAVARY (Mᵐᵉ). La Tour de la Lanterne.
2595 SEHÉ (D.). L'Angleterre sportive.
3221 STAHL (P.-J.). Histoire d'une famille hollandaise.
3222 — Les quatre filles du Dʳ Marsch.
3653 STREHLY. L'Acrobatie et les Acrobates.
110 SWIFT. Voyages de Gulliver.
716 TAULIER (J.). Les Deux Robinsons de la Grande-Chartreuse.
3843 TRÉMISOT. Souvenirs d'un Hippopotame.
3650 VEDEL (E.). L'Ile d'épouvante.
340 VERNE (Jules). Les Anglais au pôle nord.
1162 — L'Archipel en feu.
730 — Autour de la Lune.
342 — Les Aventures d'un Capitaine de 15 ans. 2 vol.
341 — Aventures de 3 Russes et de 3 Anglais. 2 vol.
1163 — Un Billet de loterie.
3495 — Bourses de voyage. 2 vol.
1425 — César Cascabel. 2 vol.
343 — Le Chancellor.
1426 — Le Château des Karpathes.
344 — Les Cinq cents millions de la Bégum.
345 — Cinq semaines en ballon.
1427 — Claudius Bombarnac.
2504 — Clovis Dardentor.
346 — Le Désert de glace.
1428 — Deux ans de vacances. 2 vol.
347 — Le Docteur Ox.
3654 — Un drame en Livonie.
348 — L'Ecole des Robinsons.
731 — Les Enfants du capitaine Grant. 3 vol.
1164 — L'Etoile du Sud.
2261 — Face au drapeau.
3415 — Les frères Kip. 2 vol.
1165 — Une Famille sans nom. 2 vol.
349 — Hector Servadac. 2 vol.
2262 — L'Ile à hélice. 2 vol.
850 — L'Ile mystérieuse. 3 vol.
732 — Les Indes noires.
3708 — L'Invasion de la mer.
1166 — La Jangada. 2 vol.
851 — Kéraban le Têtu. 2 vol.
733 — La Maison à vapeur. 2 vol.
3655 — Maître du Monde.
734 — Mathias Sandof. 3 vol.

352   VERNE (Jules). Michel Strogoff. 2 vol.
2505   — Mirifiques aventures de Maître Antifer. 2 vol.
1430   — Mistress Branican. 2 vol.
1431   — Nord contre Sud. 2 vol.
735   — Le Pays des fourrures. 2 vol.
3709   — Le phare du bout du monde.
2263   — P'tit Bonhomme. 2 vol.
1432   — Le Rayon vert.
1167   — Robur le Conquérant.
3655   — Seconde patrie. 2 vol.
1168   — Sens dessus dessous.
2789   — Le Sphynx des glaces. 2 vol.
3101   — Le Superbe Orénoque. 2 vol.
736   — De la Terre à la Lune.
3223   — Le Testament d'un Excentrique. 2 vol.
353   — Le Tour du Monde en 80 jours.
354   — Les Tribulations d'un Chinois en Chine.
737   — Une Ville flottante.
355   — 20.000 lieues sous les mers. 2 vol.
3789   — Le Volcan d'or. 2 vol.
738   — Voyage au centre de la Terre.
1429   VERNE (Jules) et LAURIE. L'Epave de Cynthias.
3836   VIMAR (A.). Le boy de Marius Bouillabès.
1720   WITT (Mme de). Les chiens de l'Amiral .

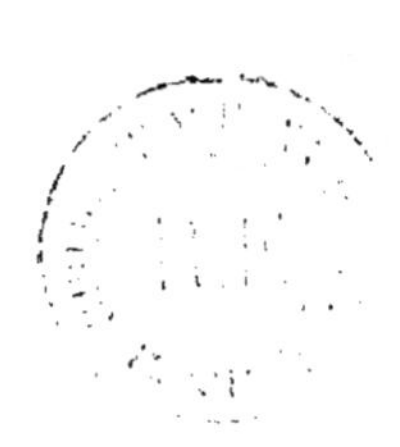

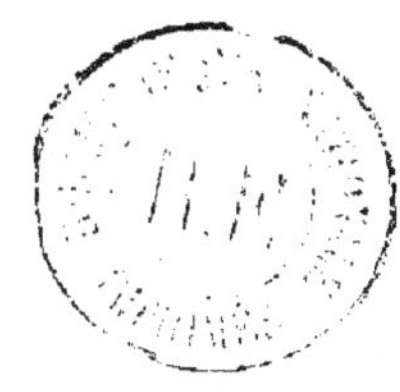

TABLE DES NOMS D'AUTEURS

PAR ORDRE ALPHABÉTIQUE.

A

About (E.), 7, 12, 20, 26, 34.
Achard (A.), 35.
Acker, 35.
Adam (A.), 79.
Adam (P.), 35.
Ageorges, 83.
Agostini, 12.
Aicard, 26, 35.
Aimard (G.), 35.
Albalat, 26, 36.
Albert, 26.
Allais (Alph.), 36.
Allais (H.), 36.
Alphand et Ernouf, 77.
Amail, 72.
Amicis, 83.
Amis (Mme), 69.
Ammann et Coutant, 12.
Ammon (D^r), 75.
Ancey, 26.
André (D^r), 70.
André (Ed.), 70.
Andréief, 36.
Annunzio (G. d'), 36.
Antar (M.), 20.
Antichan, 20.
Antonini, 20.
Arago (Et.), 12.
Ardel, 36.
Arène (J.), 20.
Arène (Paul), 20, 36.
Armelin, 12.
Arnauné (A.), 7.
Arthuys (Surville et), 11.
Assolant, 36, 83.
Auber, 79.
Aubert (Oct.), 26.
Aubry, 12.
Audoin, 83.
Audran (M.), 79.
Augé (L.), 20.
Augier (Em.), 26.
Augustin-Thierry (G.), 36.
Aulard (A.), 12.
Auteurs divers, 79.

Auvray, 36.
Auzias-Turenne, 36.
Avenel (H.), 72.
Avesnes, 36.
Azaïs, 22.

B

Babeau (Alb.), 13, 72.
Babelon, 77.
Badin (A.), 36.
Baillo (J.), 70.
Balzac (H. de), 13, 26, 36.
Banville (Th. de), 26, 37.
Barbey d'Aurevilly, 37.
Barbot, 72.
Bard (E.), 20.
Bardin, 70.
Barel (V.-L.), 13.
Barierre et Capendu, 26.
Barine (A.), 37.
Barneville (P. de), 38.
Barni (J.), 5.
Baroncelli (de), 20.
Barreau (Th.), 7.
Barrès (M.), 38.
Barthélemy, 7.
Basile (A.), 83.
Bassières, 20.
Bastiat, 7.
Bastide (J.), 13.
Bataille (H.), 26.
Baudelaire (Ch.), 26.
Baudin (P.), 13.
Baudin et Cadières, 13.
Baudoin (D^r), 75.
Baudrillard, 7.
Baudry-Lacantinie, 7.
Bauer (Henry), 38.
Baumann, 38.
Baurepaire, 13.
Bayard (Georges), 38.
Bayet, 77.
Bazin, 38.

Beaumarchais, 26.
Beaume, 38.
Beauregard (G. de), 38.
Beauregard (P.), 7.
Becque (Henry), 27.
Beecher-Stowe, 38.
Beethoven, 79.
Belessort (A.), 20, 38.
Belin de Launay, 20.
Bellaigue (C.), 79.
Bellet, 67.
Belloc (A.), 7.
Bellot (J.-R.), 20.
Belot (A.), 38.
Belzac, 38.
Benoist (Ch.), 7, 13.
Bentzon (Th.), 20, 38.
Béquet (L.), 7.
Béranger, 27.
Bérard, 13.
Bergerat, 38.
Berlioz, 79.
Bernard (Alb.), 20.
Bernard (Cap.), 20.
Bernard (Ch. de), 38.
Bernard (Dr), 20.
Bernard (F.), 13.
Bernard (T.), 38.
Bernardin de St-Pierre, 27.
Bernicat et Messager, 79.
Bernot, 13.
Bernstein, 27.
Berret, 83.
Bersézio, 38.
Bersot, 5, 67.
Bert (P.), 5, 67, 70.
Bertaux (F.), 38.
Berthaut (L.), 38.
Bertheroy (J.), 38.
Berthet (Elie), 83.
Bertot (J.), 20.
Beudant (Ch.), 7.
Beurdeley (Fl.), 67.
Beust (de), 13.
Bianconi, 20.
Biart (L.), 20, 38, 72, 84.
Binet-Valmer, 38.
Bisson (A.), 27.
Bizet, 79.
Bjornson, 27.
Blanc (Louis), 13.
Blanchère (de la), 38, 84.
Blémont, 13, 38.
Block (M.), 7.
Blondel (A.-L.), 76.
Blondel (Georges), 7.
Blot (S.), 13.
Blum (F.), 20.
Bluysen, 13.
Bocher (A.), 7.
Bocquillon (H.), 70.
Boïeldieu, 79.
Boileau-Despréaux, 27.

Boinet, 75.
Boisgobey (F. de), 38.
Boissière, 38.
Boissonnas (Mme B.), 39, 84.
Bombonnel, 84.
Bonnal (Ed.), 13.
Bonnal (M.-E.), 7.
Bonnetain, 39.
Bonnier et Seignette, 70.
Bonvalot, 8, 20.
Bordeaux (H.), 39.
Bornier (Y.-H. de), 27, 39.
Bos (H.), 67.
Bosguérard, 84.
Bossuet, 27.
Bouant, 70, 72.
Boubée (S.), 39.
Boucard et Jèze, 8.
Bouchor, 27, 39.
Bouchot (H.), 72, 77.
Bouffez et Cardine, 8.
Bougainville, 20.
Boulenger, 39.
Bourdaret, 20.
Bourde (G.), 20.
Bourgade de la Dardye, 20.
Bourgeois (Léon), 8.
Bourget (P.), 20, 39.
Bourgoin, 13, 70.
Bourgoing (B.-P. de), 13.
Boussenard, 39, 84.
Boussenard et Malin, 84.
Boutet de Monvel, 70.
Boutmy, 8.
Bouvier et Letrait, 72.
Bovet (M.-A.), 39.
Boyer, 67.
Boyslève (R.), 39.
Brada, 39.
Braddon, 39.
Brassey, 20.
Bréal (M.), 67.
Bret-Harte, 39.
Brette (E.), 13.
Brévans (de), 70.
Brialmont, 76.
Brieux, 27.
Brisson (A.), 27, 39.
Brisson (P.), 72.
Brossmann, 39.
Broughton, 39.
Bruel, 70.
Brugière et Gastine, 39.
Bruneau, 79.
Brunel, 13.
Brunet, 20.
Brunetière, 5, 27.
Bruno, 84.
Bry (G.), 8.
Buffon, 70.
Buisson (H.), 8.
Bujon (P.), 8, 84.

Bulletin de la Société
d'Histoire de Paris et
de l'Ile-de-France, 19.
Bulwer-Lytton, 39.
Burdeau, 13.
Buteau, 39.
Butti, 39.
Byl, 39.

C

Cacheux (Emile), 75.
Cadières (R.), 13.
Cadol (E.), 39.
Cadoux (G.), 8, 67.
Cahu (Th.), 40, 76, 84.
Cahun (L.), 40.
Caillaux, Touchard et Des-
chanel, 8.
Caine, 40.
Cairol (J.), 72.
Callet (Fr.), 70.
Calvinhac (L.), 8.
Campagnole (E.), 75.
Campardon, 13.
Canivet, 40.
Capendu, 26.
Caperon, 20.
Capus (A.), 27, 40.
Caracciolo, 13.
Cardine, 8.
Cardot, 67.
Carlier (Mme), 13.
Carlyle (T.), 13.
Carmen-Sylva, 40.
Carnegie, 8.
Caro (E.), 5, 27.
Caro (Mme), 40.
Carroué, 83.
Carteron, 77.
Case (J.), 27, 40.
Cassel, 77.
Castellane (de), 76.
Caussier, 75.
Cazeneuve (M.), 13.
Cazes (E.), 67.
Cazin (A.), 70.
Céalis (E.), 20.
Célières (P.), 84.
Cermoise (G.), 20.
Cervantès, 84.
Cervières, 40.
César, 13.
Chabrier (E.), 79.
Chabrol (A.), 40.
Chailley-Bert, 21, 84.
Chalamet, 21, 84.
Champfleury, 40.
Chantagrel, 8.
Chantepleure, 40.

Chapsal, 68.
Charavay, 13.
Charbonnel (V.), 5.
Charnay, 13.
Charpentier (G.), 79.
Chassin et Hennot, 13.
Chateaubriand, 5, 27.
Châteauminois (Mlle), 13.
Chaudoin, 21.
Chavette (E.) 40.
Chenevière (A.), 40.
Cherbuliez (V.), 5, 40.
Cherrier (P.) 13.
Cherville (de), 40, 72, 84.
Chevalier (A.), 72.
Chevalier (E.), 13.
Chevallier (H.), 40.
Cheysson (M.-E.), 8.
Chonski, 40.
Chopin, 80.
Chuquet (A.), 13.
Cicéron, 27.
Cieszkowski, 8.
Cilleuls (A. des), 8.
Cim (A.), 40, 84.
Clapcron, 67.
Claretie (J.), 5, 13, 21,
40.
Claudin, 41.
Clemenceau (G.), 8, 41.
Clément, 75.
Clère, 67.
Cleuziou (H. de), 77.
Cccheris (M.-P.), 67.
Coffignon, 41.
Collas (L.), 18.
Collignon, 73.
Collin (L.), 80.
Colomb (C.), 80.
Colomb (F.), 13.
Colomb (Mme), 84.
Colombey (E.), 27.
Colonies (Administration
des), 8.
Compayré (G.), 84.
Condé (M. de), 67.
Cons (L.), 67.
Conscience (H.), 13, 41.
Cook, 21.
Cooper (F.), 41.
Copley-Christie, 13.
Coppée (Fr.), 5, 27, 41.
Coquelle, 42.
Coqueugnot, 8.
Corne, 67.
Corneille, 27.
Cornet, 75.
Cornut, 42.
Coulevain, 42.
Coupin (H.), 70.
Courcenet, 70.
Courgeon, 14.
Courier (P.-L.), 27.
Courteline (G.), 27, 42.

Courtellemont, 21.
Courtois (Girard), 73.
Cousin (V.), 5.
Coutant (E.-C.), 28.
Coutant, 12.
Coyecque, 75.
Coynart, 42.
Crawford, 42.
Crouzet, 67.
Cucheval, 67.
Cudet, 76.
Cummins, 42.
Cunisset-Carnot, 8.
Curel (Fr. de), 28, 42.

D

Dalliès et Guy, 67.
Dalsème, 14.
Damedor, 28.
Danrit (Cap.), 42.
Danrit et Pardiellan, 42.
Dante (Al.), 28.
Darcy, 14.
Dareste (M.), 14.
Darimon, 14.
Darmesteter, 42.
Daryl, 21.
Datin, 42.
Daudet (Alph.), 28, 42.
Daudet (A.) et Hennique, 28.
Daudet (Ern.), 14, 42.
Daudet (Léon), 43.
David (F.), 80.
Dayot (A.), 14.
Debussy (Cl.), 80.
Decourcelle (P.), 43.
Degreigny, 21.
Deharme, 73.
Deherrypon, 71, 73.
Deiss (E.), 21.
Dejone, 73.
Delaborde (V.), 77.
Delabrousse (L.), 14.
Delaporte (H.), 28.
Delbarre, 43.
Delbruck, 43.
Delebecque, 8.
Delibes (Léo), 80.
Delon (C.), 14, 73.
Delorme (A.) 43.
Delpech, 14.
Delpit (Alb.), 43.
Delpit (Ed.), 43.
Deltour, 28.
Demage, 21.
Demesse, 43.
Demogeot, 28, 43.
Demolder, 21, 43.

Demolins (Ed.), 8, 67.
Démosthène, 28.
Dennet, 21.
Depasse, 5.
Depping, 71.
Député (Un), 14.
Dérué (Lieut.-col.), 76.
Desachy, 5.
Desbarolles, 21.
Descartes, 28.
Descaves (L.), 28, 43.
Deschamps (G.), 28, 43.
Deschanel (E.), 8.
Desfontaines (J.), 21.
Deslys (Ch.), 43, 77.
Desmoulins (A.), 43.
Des Moulins (M.), 8.
Desnoyers, 84.
Destrem, 14.
Deville (G.), 8.
Deville (V.), 21.
Dickens, 43, 84.
Dide, 5.
Diderot, 28.
Diehl (Ch.) 77.
Dieulafait, 77.
Dieulafoy (Jane), 14, 43.
Dilke (Ch.), 14.
Dillaye (F.), 77.
Divers, 14, 21, 43, 71, 73, 74.
Dolent, 28.
Dombre, 43.
Donizetti, 80.
Donnay (M.), 28, 43.
Donnay et Descaves, 28.
Dormoy, 67.
Dostoïersky, 44.
Douarche, 14.
Doucet (J.), 44.
Doulcet (H.), 8.
Doumer, 5, 21.
Doumic (R.), 28, 44.
Dresch, 83.
Dreyfous (C.), 5, 14.
Droz (G.), 44.
Droz (P.), 44.
Drumont, 44.
Dubief (E.), 73.
Dubief (L.-F.), 73.
Dubois (F.), 21.
Dubois (J.), 21.
Dubois (Th.), 80.
Dubucquoy (A.), 67.
Du Camp (Max.), 14, 44.
Ducoudray, 67.
Ducrocq, 14.
Dugard (M.), 44.
Dujarric (G.), 44.
Dulaure, 14.
Dumas (A.), 14, 21, 28, 44, 84.
Dumas (A. fils), 8, 28, 46.
Dumont (L.) 8.

Dumoulin, 84.
Du Petit-Thouars, 8.
Duplessis, 77.
Dupont (F.), 71.
Dupré, 46.
Dupuis (E.), 70, 84.
Dupuy (E.), 14.
Dupuy (L.), 80.
Duquesnel, 46.
Duquet, 14.
Durand (A.), 21.
Duret (Th.), 14.
Duruy (A.), 76.
Duruy (G.), 14, 46.
Duruy (V.), 14.
Dusollier, 28.
Dussieux, 14.
Dutheil, 76.
Dutheil, 76.
Duval (G.), 15.
Duval (M.), 71.
Duvernoy, 80.

E

Edmond-Blanc (A.), 9.
Éliot, 46.
Énault (L.), 46.
Ennery (d'), 46.
Erckmann - Chatrian, 15, 28, 46.
Erckmann (E.), 46.
Erlande, 46.
Erlanger (C.), 80.
Ernouf (Baron), 73, 77.
Eschyle, 28.
Esmein, 9.
Esparbès (G. d'), 47.
Espinas, 9.
Essars (P. des), 9.
Estaunié, 47.
Estoile (L'), 15.
Etchegoyen, 47.
Etiévant, 15.
Euripide, 29.

F

Fabre (F.), 47.
Fabre (J.), 15, 84.
Faguet (E.), 5.
Faïdeau (F.), 71.
Faivre, 9.
Fallex, 21.
Fallex et Heutgen, 21.
Famechon, 21.

Farman (H.), 73.
Fauchon (Dr), 75.
Faure (A.), 67.
Faure (Lucie), 21.
Febvre, 77.
Fénelon, 29, 67.
Ferry (J.), 21, 47.
Feuillet (O.), 29, 47.
Feuillet (Mme O.), 47.
Féval (P.), 47.
Feydeau (E.), 47.
Fichte, 67.
Figuier (L.), 15, 73.
Filon (A.), 47.
Flaminio, 80.
Flammarion (C.), 21, 47, 67, 71.
Flaubert (G.), 47.
Flers (R. de), 22.
Fleuriot, 84.
Fleury, 68.
Fleury (Cte), 15.
Floran, 48.
Flotow, 80.
Focillon, 71.
Foë (D. de), 84.
Fogazzaro, 48.
Foley, 48.
Fonssagrives, 22.
Fontane, 15.
Fontanges (H.), 75.
Fonvieille (W. de), 15, 22, 71.
Foudras (Marq. de), 48.
Foulon de Vaulx, 29.
Fournier (E.), 15, 48.
Fournière, 5.
Foveau de Courmelles, 71.
Foville (A. de), 9.
Franay (G.), 48.
France (A.), 48, 84.
Franck (C.), 80.
Franc-Nohain, 48.
François, 9.
Franklin, 9, 15.
Frapié, 48.
Frary (R.), 29.
Fraycourt, 48.
Frémine (Ch.), 29.
Frémine, 22.
Fresquet, 9.
Freycinet (de), 15.
Freytag, 48.
Friedel, 84.
Funck-Brentano, 15.

G

Gaboriau, 48.
Gache (F.), 68.

Gachons (J. des), 48.
Gaffarel, 15, 22.
Galipaux (F.), 48.
Gallet (Louis), 15, 48.
Gallet (P.-L.), 29.
Galli, 15.
Galtier-Boissière, 73, 75.
Ganneron, 84.
Ganot, 68.
Garnier (E.), 71.
Garnier (F.), 15.
Garnier (Jean), 9.
Garnier (Joseph) 22.
Garrigues, 71.
Garsonnet, 9.
Gasparin, 15.
Gaubert (B.), 75.
Gaultier (P.), 77.
Gausseron, 5.
Gautier (É.), 73.
Gautier (H.), 48.
Gautier (Judith), 48.
Gautier (Th.), 15, 22, 29, 48.
Gay, 22.
Gazeau, 15.
Gedalge (A.), 80.
Geoffroy (G.), 15, 22, 49.
Gendre, 9.
Gennevray, 49.
Genty, 73.
Georget (Henri), 9.
Gérald (M.), 49.
Gérard (J.), 4, 84.
Gérards (E.), 71.
Gériolles, 22.
Germain et Aubert, 15.
Gerspach, 77.
Geslin, 22.
Geymet, 77.
Gidel, 29.
Giffard, 49, 71.
Gill (André) 49.
Ginisty (Paul), 29, 49.
Girard (J.), 22.
Girardin (J.), 49.
Girardin (Mme de), 49.
Girardot (Baron de), 9.
Giraud (M.), 71.
Gladès (A.), 49.
Glatron, 49.
Glouvet (de), 15, 49.
Gluck, 80.
Godard (A.), 49.
Godard (B.), 80.
Goethe, 29.
Gogol, 49.
Goldsmith, 49.
Goncourt (E.), 49.
Goncourt (E. et J.), 49.
Gonzalès (Ed.), 49.
Gossin, 71.
Gossot, 49.
Gostrowski, 22.

Goullin (J.-A.), 75.
Gounod (Ch.), 80.
Gozlan, 49.
Graffigny (de), 22, 73.
Grandin (Mme L.), 49.
Grangeon, 73.
Gravière (J. de la), 73.
Gray, 49.
Gréard (O.), 5, 15, 68.
Grébauval (A.), 22, 73.
Grégoire (A.), 22.
Grelot (F.), 9.
Grenest, 15.
Grenet-Dancourt, 29.
Grenville-Murray, 22, 49.
Gressent, 73.
Grétry, 80.
Gréville, 49.
Grimaud, 71.
Grimm, 84.
Gros (J.), 15, 22.
Grosjean (G.), 15.
Guéchot, 84.
Guénin (E.), 22.
Guerre (A.) 76.
Guesde (X.-J.-L.), 22.
Guesviller (G.), 49.
Guiches (G.), 49.
Guignard, 9.
Guillaume (M.), 68.
Guillemin, 71, 73.
Guillemot, 22, 49.
Guillon, 15.
Guillot (P.), 9.
Guinon (A.), 29.
Guiraud et Saint-Saëns, 80.
Guitry (Comm.), 15.
Guy (C.), 22, 67.
Guyard (Aug.), 9.
Guyot (Yves), 9.
Guy-Pérou, 15.
Gyp, 50.

H

Habert (C.), 22.
Habert (J.), 9.
Hachette, 73.
Hæckel, 5.
Hahn, 80.
Halévy (J.), 31.
Halévy (L.), C, 15, 29, 50, 80.
Hall (Cap.), 50.
Hallays (A.), 22, 73.
Halt (R.), 84.
Hanotaux, 15.
Haraucourt (E.), 29, 50.
Harold (F.), 15.

Hauff, 50.
Hauptmann, 29.
Haussonville (d'), 6.
Havard (H.), 78.
Hawthorne, 50.
Haydn, 80.
Hearn, 22.
Heckedorn, 15.
Heine (H.), 29.
Heissat et Azaïs, 22.
Helden, 50.
Hémon (F.), 29.
Hennebert, 76.
Hennet, 15.
Hennot (Chassin et), 13.
Hepp (Al.), 50.
Hérédia (de), 29.
Héricault (Ch. d'), 16.
Hérisson (d'), 16.
Hermant (A.), 29, 50.
Hérodote, 29.
Hérold, 80.
Hervé, 80.
Hervé (M.), 6.
Hervieu (P.), 6, 29, 50.
Hervilly (d'), 50.
Hétet, 71.
Heudebert, 22.
Hinzelin, 22.
Hirtz (El.), 68.
Hoche, 16.
Hoffmann, 50.
Holmès (Aug.), 80.
Homère, 29.
Horace, 29.
Hourst, 22.
Houssaye (Ars.), 16, 50, 84.
Houssaye (H.), 6, 16.
Houzé, 73.
Hovelaque, 22.
Hübner, 16, 22, 29.
Hugo (V.), 16, 22, 50.
Humperdinck, 80.
Huret, 9.
Huysmans, 30, 51.

I

Ibanez, 51.
Ibsen, 30.
Imbert de Saint-Amand, 16.
Indy (Vincent d'), 80.
Irving, 68.
Isambert, 16.
Jung (Th.), 16.

J

Jacobsen (J.-P.), 51.
Jacolliot (L.), 22, 51.
Jacquemart, 78.
Jacques, 51.
Jalliffier et Vast, 16.
Janet (P.), 6, 16.
Janin (J.), 51.
Jeannest, 23.
Jenkin (Mme), 51.
Jèze, 8.
Joanne (A.), 23.
Joanne-Magdelaine, 9.
Joanne (P.), 23.
Joliet (Ch.), 30, 51.
Joran, 16.
Joseph-Renaud (J.), 51.
Jouin (H.), 78.
Jourdan (G.), 9.
Jousselin (H.), 51.
Judet, 23.
Juillerat, 75.
Julliard (E.), 51.
Jullien (B.), 16, 30.
Jullien (Jean), 30.
Jurien de la Gravière, 16, 23, 73.

K

Kahn (G.), 51.
Kaiser (J.), 51.
Karr (Alph.), 51.
Kergomar (G.), 68.
Kingston, 23.
Kistemaekers, 51.
Kock (H. de), 51.
Kohn-Abrest, 23.
Krains, 51.
Krantz (Cam.), 73.

L

Labarrière (P.), 51.
Labbé, 23.
Labiche, 30.
Laborde, 75.
Laboulaye (Ed.), 16, 23, 51.
Laboulaye (Ch.), 51.
La Brète (J. de), 51.
La Bruyère, 6.
Lachaud (G.), 51.
Lacombe, 78.
Lacroix (Dés.), 16.

Lacroix (Jules), 31.
Lacroix (Sig.), 16.
Ladreit de Lacharrière (Dr), 75.
Lafargue (A.), 6.
Laffitte (J.), 51.
La Fontaine (J.), 31.
La Jeunesse (Ern.), 51.
Lalo (E.-D.), 81.
Lamartine, 16, 23, 31, 51.
Lambeau, 16, 68.
Lamber (Juliette), 16.
Lambert (Alb.), 52.
Lamy (L. de), 9, 86.
Lan (J.), 52.
Landay, 31.
Landelle (G. de la), 52.
Lander, 23.
Landouzy, 16.
Landrin, 23, 71.
Lanessan, 71.
Lanfrey, 16.
Lang, 16.
Lang et Bruel, 70.
Langonet (H.), 73.
Lanier, 23.
Lano (P. de), 16, 52.
Lanoye (de), 71.
Lapaire, 52.
Lapauze (H.), 23.
Lapeyrouse, 52.
Larchey, 16.
Larive et Fleury, 68.
La Rochefoucauld, 6.
Laronze (Ch.), 52.
Larousse (P.), 68.
Larroumet (G.), 31.
Lasteyrie (de), 78.
Launay (L.), 16, 68.
Laurent (Alb.), 16.
Laurent (Dr), 75.
Laurent-Pichat, 31.
Lauribar (P. de), 23.
Laurie (André), 52, 84.
Laurin (A.), 9.
La Vallée, 23.
Lavedan (H.), 52.
Lavignac, 78.
Lavisse (E.), 16, 68, 85.
Layrle, 16.
Léautey, 68.
Leblanc (M.), 52.
Leblanc (R.), 71.
Lebon (A.), 9, 16.
Lebraz, 52.
Le Breton (Mme J.), 71.
Lebrun (G.), 16.
Leclerc (Max.) 9, 68.
Leclercq (J.), 71.
Lecocq (Ch.), 81.
Lecomte (Mme), 52.
Leconte de Lisle, 31.
Le Faure, 17.

Lefèvre (André), 17, 74, 78.
Lefèvre (D.-E.), 23.
Lefort (P.), 78.
Lefrançais, 85.
Léger, 17.
Legouvé (E.), 6, 52, 68.
Legrand (Ch.), 52.
Legrand (J.), 9.
Legrand (M.), 9.
Legras (J.), 23.
Legué, 52.
Lejeune (G.), 17.
Lelu, 23.
Lemaire (Jacques), 31, 85.
Lemaître (Cl.), 85.
Lemaître (J.), 31, 52.
Le Mansois-Duprey, 10, 52.
Lemonnier, 52.
Lenormand, Janvier et Magnier, 74.
Lenormant (F.), 78.
Lenôtre (G.), 17.
Léo (André), 85.
Léoncavallo, 81.
Léouzon le Duc, 23.
Le Pelletier (L.), 10.
Lenetit, 68.
Lepileur, 75.
Leroux (H.), 10, 17, 23, 52, 68.
Leroux et Montillot, 85.
Leroux (X.), 81.
Le Roy, 83.
Leroy-Beaulieu (A.), 6, 17.
Leroy-Beaulieu (P.), 10, 23.
Leroy Saint-Aubert, 78.
Le Sage, 53.
Lesbazeilles, 71.
Lescot (Mme), 53.
Lescure (de), 53.
Lesseps (de), 23.
Lessing, 31.
Lesueur (D.), 53.
Lesueur (L.), 10.
Létang (Cte de), 71.
Le Touzé, 10.
Letrait, 72.
Leudet, 17.
Levasseur, 23.
Levasseur et Niox, 68.
Leverdays, 10.
Le Verdier, 53.
Lévy-Bruhl, 17.
Lévy (R.-G.), 10.
Lewal (G.), 76.
Linden (A.), 85.
Lissagaray, 17.
L. L., 53.
Lockroy (Ed.), 17.
Loir (M.), 17.
Loiseleur, 10.

Lombard, 53.
Longard de Longgarde, 53.
Longnon, 17.
Lonlay (Dick de), 23.
Lorédan (J.), 6.
Lorrain (J.), 23. 53.
Loti, 6, 17, 23, 31, 53.
Lottin, 23.
Loubens, 68.
Louis, 10.
Luce (S.), 17.
Lucien, 31.
Lucipia, 23.
Lucrèce, 31.
Lunet de la Jonquière, 23.
Lynch, 23.
Lyon-Caen (Ch.) et Renault, 10.

M

Mabilleau (L.), 68.
Mabyre, 74.
Macaulay, 17.
Macé (G.), 10.
Macé (J.), 68. 71.
Mackenstein, 74.
Madrolle (Cl.), 23.
Maël (P.), 53, 85.
Maëterlinck, 6, 31, 54.
Mager, 17.
Mahé de la Bourdonnais, 17.
Maigno, 74.
Maillart, 81.
Maindron, 71.
Mairet (J.). 54.
Maisonfort (M. de la), 17.
Maistre (X. de), 31.
Maizeroy (René), 54.
Malapert, 68.
Malin, 84.
Mallarmé (St.). 31.
Malosse, 23.
Malot (H.), 54.
Mandat-Grancey, 23.
Mandoza. 75.
Manerini, 75.
Manesse, 17.
Mangin (A.). 23.
Mangin (L.). 68, 75.
Marbeau, 17.
Marcel (E.), 55.
Marc-Monnier, 85.
Margollé. 72.
Margueritte (P.), 55.
Margueritte (P. et V.), 55, 85.
Margueritte (V.), 55.

Marin (A.), 55.
Marion (E.), 68.
Marion (F.), 24, 70.
Marmier (H.), 55.
Marmottan, 78.
Martel. 55.
Martial (Dr), 75.
Martin (A.), 24, 78.
Martin (E.), 68.
Martin (F.), 24.
Martin (H.), 17.
Martin (Louis), 17.
Martine, 86.
Martineau (A.), 24.
Marty (G.), 81.
Massa (Ph.), 55.
Massat de Bassilan, 21.
Mascagni (P.), 81.
Maspero, 17.
Massé (V.), 81.
Massenet (J.), 81.
Masson-Forestier, 55.
Mathuisieulx, 24.
Matrat, 10, 85.
Matthey, 55.
Maugras. 10, 17.
Maulde de la Clavière, 17.
Maupassant (G. de), 56.
Maureil-Parot, 85.
Mayer-Förster, 56.
Mayne-Reid, 85.
Mazel, 31.
Méhul. 81.
Meifrédy. 74.
Meilhac et Halévy, 31.
Meischke (Sm.). 24.
Meissonnier. 17.
Méline, 10.
Méliot, 81.
Mellion, 24.
Ménard, 78.
Mendelssohn, 81.
Mendès (C.), 17, 31, 56.
Menier, 10.
Ménorval (de), 17.
Ménos, 56.
Mercier (A.), 68.
Mercier (Ch.), 56.
Mérimée (P.), 56.
Mérouvel (Ch.), 56.
Méry (P.), 56.
Messager (A.), 79, 81.
Messimy, 6.
Meunier (V.), 24.
Meunier (Mme), 56.
Meurice (P.). 31.
Mévil (A.). 17.
Meyer, 85.
Meyerbeer, 81.
Mézières (A.), 17.
Micholet, 6, 10, 17, 56, 71.
Michotte, 74.
Mignet. 17.
Millaud, 24.

Mille (P.), 24, 56.
Milton, 31.
Miral, 56.
Mirbeau (O.), 31, 56.
Mirmande (P.), 24.
Missa (E.), 81.
Mistral, 56.
M... J... ny (C.), 76.
Modeste (V.), 10, 17.
Molière, 31.
Molinier, 78.
Molroguier, 10.
Mongellaz (Mme), 6.
Monin (Dr).
Monin (H.), 18, 75.
Monnier, 32.
Monprofit, 18.
Monselet, 56.
Montaigne, 6.
Monteil (Edg.), 18, 56.
Montesquieu, 10, 32.
Montet, 57.
Montheuil (Alb.), 10, 18, 75.
Montillot, 85.
Morand et Silvestre (A.), 34.
Moréas, 32, 57.
Moreau, 74.
Moreau de Jonnès, 57.
Morel, 10.
Morin (C.), 10.
Morosti, 10.
Mouton (E.), 57.
Moynet, 74.
Mozart, 81.
Muller, 24, 57, 85.
Mürger (H.), 57.
Musset (Alf. de), 32, 57.
Musset (P. de), 57.

N

Nadar, 57.
Nadaud (G.), 32.
Najac (E. de) et Sardou, 33.
Nansen (F.), 24.
Narjoux, 74.
Nattan-Larrier, 6.
Naurouze (J.), 57.
Navery, 24.
Nenot, 78.
Neton, 24.
Neufville (P. de), 24.
Neukomm, 57, 76.
Neveu (Pol), 57.
Nibor (Yann), 32.
Nicolas, 21, 85.
Niewensglowski, 78.

Niox (C1), 24, 68.
Nisson, 57.
Nodier, 57.
Noël, 57.
Noël et Chapsal, 68.
Noël-Vauclin, 68.
Noff Ali, 71.
Nolhac (P. de), 18.
Noris, 57.
Normand (Ch.), 18, 78.
Novicow (J.), 6.

O

Ocagne, 74.
Offenbach, 81.
Ohnet (G.), 57.
Olivier (Urb.), 72.
Ollivier (E.), 6.
Ortolan, 74.
Otto (Emile), 83.
Ouvreuse du Cirque d'Eté, 81.
Ovide, 32.
Ovrée, 69.

P

Pailleron, 32.
Paladilhe, 81.
Papillon (F.), 6.
Paquet-Mille, 74.
Paradowska, 58.
Pardiellan (de), 42.
Parfait (P.), 58.
Parigot (H.), 32.
Parodi (Al.), 32.
Parquin (Cte), 18.
Pascal (E.), 77, 86.
Pascal (Blaise), 6.
Passy (Fr.), 10, 86.
Patissier (A.-F.), 70.
Patronage laïque du 3e arrondissement, 69.
Paulian (L.), 10.
Pavie (A.), 24.
Payot (J.), 68.
Peiffer (E.), 24.
Pelletan (C.), 18.
Pellico (Silvio), 32.
Pène (H. de), 58.
Pérès, 6.
Perrier (E.), 72.
Perrodil (Ed. de), 21.
Pessonneaux, 69.
Petit (Dr L.), 24.

Petit (Ed.), 68.
Petit (Ed.) et Lamy, 86.
Petit (Max.), 18.
Pettit, 86.
Peyrebrune (G. de), 58.
Pfeiffer, 24.
Pierné (G.), 82.
Pierre, 18.
Pigafetta, 24.
Pigier, 68.
Pinard (Dr), 76.
Pinon, 24.
Piron, 32.
Pizzetta, 72, 74.
Planquette, 82.
Platon, 32.
Plicque (Dr), 76.
Plicque et Verhaeren, 76.
Plutarque, 18.
Poë (Edg.), 58.
Poirée (Eug.),
Poiré (Paul), 24, 74.
Pol, 6.
Pontich, 11.
Pont-Jest (R. de), 58.
Pontmartin (de), 58.
Porcher, 24.
Port (C.), 18.
Porto-Riche (G. de), 32.
Poujol, 24.
Poulaine (J. de la), 18.
Pouschkine, 58.
Pouvillon (E.), 18, 58.
Pouvourville (de), 78.
Pradel (G.), 58.
Prat, 10, 18.
Prévost (l'abbé), 58.
Prévost (Marcel), 58.
Princet (J.), 32.
Privas (X.), 32.
Prolès (Ch.), 18.
Proudhon, 10.
Provins (M.), 59.
Puccini, 82.
Puget, 82.
Puybaraud, 10.

Q

Quatrelles, 59.
Quillardet, 24.
Quinet (Edg.), 6, 18.
Quinet (Mme Edg.), 24.

R

Rabelais (F.), 32.
Rabusson (H.), 59.
Racine (J.), 32.
Radau, 72.
Rambaud, 10, 18.
Rameau (J.), 59.
Rauber (Mme), 69.
Raynaly, 59, 72.
Raynaud, 33.
Rebouis, 76.
Reclus (E.), 24.
Regnard, 33.
Régnier (H. de), 59.
Reibell, 24.
Reibrach, 59.
Reich, 6.
Reinach (J.), 33.
Rémon, 59.
Rémusat (A.), 59.
Renan (Ern.), 6, 33.
Renard (G.), 10.
Renard (J.), 59.
Renard et Martine, 86.
Renault (L.), 10.
Renault et Château, 59.
Renault et Lerouge, 59.
Resclauze, 59.
Réval, 59.
Reybaud (L.), 59.
Reyer, 82.
Richardin, 76.
Riche (D.), 59.
Richebourg (E.), 59.
Richebourg et Collas, 18.
Richepin (J.), 33, 59.
Richot, 6.
Richou, 10.
Ricquier (L.), 33.
Rival, 59.
Rivière (H.), 25, 59.
Rivière (F.-H.), 10.
Robert (Cl.), 60.
Robert (L. de), 60.
Robertson, 25.
Robinet (Dr), 6, 18.
Robiquet, 18.
Rochard (Dr), 69.
Roche (Jules), 10.
Rochefort (H.), 60.
Rocherolles et Pesson-
    neaux, 69.
Rod (E.), 60.
Rodenbach, 60.
Roé (Art.), 60.
Roger (Miles), 78.
Rolland (J.), 60, 86.
Rolland et Mabyre, 71.
Roosevelt, 10, 25.
Rosny (J.-H.), 60.
Rosny (L. de), 60.
Rossignol, 60.
Rossini, 82.

Rostand (Edm.), 33, 60.
Rothschild (Dr H. de), 76.
Rouaix, 69.
Rougier, 10.
Rousseau (J.-J.), 69.
Rousseau (S.), 82.
Rousselet (A.), 76, 78.
Rousset (C.), 18.
Rousset (Léon), 25.
Rouvre (Ch. de), 60.
Roux, 25.
Rovetta, 60.
Rouyer, 74.
Roy (Jules), 60.
Rozan (Ch.), 60, 69, 70.
Ruckert (C.), 78.
Ruffin, 33.
Ruskin, 33.

S

Saffray (D^r), 72, 76.
Saige, 18.
Saint-Aubin (D^r), 76.
Saint-Aulaire, 60.
Saint-Cère (J.), 25.
Saint-Clair, 69.
Saintine (X.), 60.
Saint-Maurice, 60.
Saint-Paul, 74.
Saint-Saëns, 80, 82.
Saint-Simon, 18.
Sainte-Beuve, 33.
Salandre, 60.
Sales (Pierre), 60.
Salgary, 86.
Salles (A.), 25.
Salluste, 33.
Samson (Mme), 69.
Sand (G.), 33, 61.
Sandeau (J.), 33, 61.
Sarcey (Fr.), 61.
Sardou (A.-L.), 69.
Sardou (V.), 33.
Sauvage, 72.
Sauzay, 78.
Savary (Mme), 86.
Savoie pittoresque (La), 25.
Say (L.), 10.
Sayous (A.), 33.
Scarron, 33.
Schefer (Mme), 69.
Schefer (P.), 69.
Schefer et Amis, 69.
Schiller, 33.
Schmit, 69.
Scholl (Aur.), 62.

Schubert, 82.
Schumann, 82.
Schuré, 62.
Schwob (M^el), 10.
Schwob (Maurice), 62.
Scott (W.), 62.
Séailles (G.), 6, 18.
Sébillot, 62.
Séché (L.), 69.
Seeley (J.-B.), 25.
Ségur (Cte de), 18.
Séché, 86.
Séché et Strehly, 69.
Seignette, 70.
Seignobos, 18.
Seignobos (Mme), 74.
Seilhac (L. de), 11.
Sérao (Math.), 62.
Serpette, 82.
Sévigné (Mme de), 33.
Shakespeare, 33.
Siebecker, 18.
Siegfried, 11.
Sienkiewicz (H.), 62.
Silvestre (Arm.), 34, 62.
Silvestre et Morand, 34.
Simmy (G.), 62.
Simon (Eug.), 34.
Simon (Gust.), 69.
Simon (Jules), 6, 18, 62, 69.
Simonnet (J.-B.), 11.
Simonnin, 72.
Sonnet, 70.
Senrel, 72.
Sophocle, 34.
Sorel (Alb.), 18.
Soreph (G.), 69.
Sorin, 18.
Soulié (F.), 62.
Soulier (A.), 74.
Sourdillon, 11.
Souvestre (E.), 62.
Souviron et Pontich, 11.
Spencer (H.), 69.
Staël (Mme de), 18, 63.
Staffe (Baronne), 11, 69.
Stahl (P.-J.), 34, 63, 86.
Stanley (H.-M.), 25.
Stanley-Weyman, 63.
Stapfer, 19.
Stendhal, 63.
Sterne, 34.
Stevenson (R.), 63.
Stourm, 11.
Strannik, 63.
Strauss (P.), 11.
Strauss et Filassier, 11.
Strehly (G.), 86.
Strehly et Séché, 69.
Sudermann, 63.
Süe (E.), 19, 63.

Sully Prudhomme, 34.
Suppé, 82.
Surville et Arthuys, 11.
Süttner, 64.
Suzanne (G.), 77.
Suze (Esther de), 64.
Swift, 86.
Sylva (C.), 64.
Szymanowski (Gén.), 19.

T

Tabouriech, 11.
Tackeray, 64.
Taine (T.), 6, 19, 25, 34.
Tarrin, 11.
Tasse (Le), 34.
Taulier, 86.
Tcheng-Ki-Tong, 64.
Térence, 34.
Ternant, 74.
Terwagne (Dr), 76.
Tessier (J.), 19.
Teutsch (Ed.), 19.
Thaller, 11.
Théo-Critt, 77.
Théry, 77.
Théry, 77.
Theuriet (A.), 64.
Thierry (A.), 19.
Thierry-Mieg, 11.
Thiers (Ad.), 19.
Thomas (Amb.), 82.
Thomas (G.), 19.
Thorel (J.), 65.
Thoumas, 19.
Thureau-Dangin, 7.
Tiersot, 19.
Tinayre (Marcelle), 65.
Tinseau (Léon de), 65.
Tissandier (G.), 19, 25, 72, 74.
Tissot (A.), 65.
Tissot (E.), 65.
Tissot (V.), 25, 65.
Tite-Live, 19, 34.
Tocqueville, 11.
Tollet, 76.
Tolstoï, 65.
Topffer (R.), 65.
Touchard, 8.
Toudouze, 19.
Tourgueneff, 25, 65.
Tournier, 19.
Toutée, 25.
Trébuchet, 25.
Trémisot, 86.
Trénard (Fr.), 34.

Treney, 11.
Trivier (E.), 25.
Troncet, 74.
Troncet et Deliège, 74.
Trouessart, 65.
Truffier, 34.
Trutcy (A.), 76.
Turot, 11.
Twain (M.), 65.

U

Ubicini (A.), 19.
Uchard (M.), 65.
Ulbach (L.), 65.

V

Vacquerie (Aug.), 34.
Valbert (G.), 66.
Vallery-Radot, 19, 66, 77.
Vallès (J.), 66.
Valton, 78.
Vanderem (F.), 66.
Varemberg et Ovrée, 69.
Varigny (de), 66.
Varney (Louis), 82.
Vaulx (H. de la), 25.
Vasseur, 82.
Vast, 16.
Vaucaire (M.), 66.
Vedel, 86.
Velain (Ch.), 72.
Verdi (J.), 82.
Verhaeren (E.), 34.
Verlaine (P.), 34.
Verne (J.), 25, 86.
Verne (J.) et Laurie, 86.
Véron (P.), 19, 66.
Vesco (E.), 34.
Vessiot, 69.
Veyrat (G.), 78.
Viardot, 78.
Vidal (P.), 82.
Vidal-Lablache, 25.
Vieuroud-Thiais, 74.
Vigano, 11.
Vigné d'Octon, 25, 66.
Vignéras, 25.
Vigny (Alf. de), 19, 66.
Villard (Th.), 11.
Ville de Paris, 11, 19, 69, 74, 76, 78.
Villetard, 19.

Villette et Courcenet, 70.
Villeurs (de), 66.
Villey (Edm.), 11.
Villiers de l'Isle-Adam, 66.
Villiers du Terrage, 19.
Vimar (A.), 86.
Vimont (Ch.), 74.
Vincent (Ch.). 66.
Vincent (J.), 66.
Vincent (P.), 69.
Viollet (P.), 11.
Viollet-le-Duc, 74.
Virgile, 34.
Virmaître. 19.
Vitoux, 34.
Vogt, 78.
Vogüé (M. de), 34, 66.
Voltaire, 19, 34.
Vuibert, 74.
Vuillaume, 19.

W

Waderville (de), 69.
Wagner (R.), 82.
Warigny (de), 72.
Weber, 82.
Weber (E.), 69.

Weiss, 25.
Wells, 66.
Wenzel (L.), 82.
Weulersse. 25.
Wilhem, 7.
Willy, 66.
Wimpffen (G. de). 19.
Witt (Mme de), 19, 86.
Wolff, 34.
Wormser (A.), 82.

X

X..., 82.
Xénophon, 34.

Z

Zagoulaïeff (J.), 66.
Zemlak, 66.
Zola (Em.), 66.
Zolla (D.), 74.
Zurcher et Margollé, 25, 72.

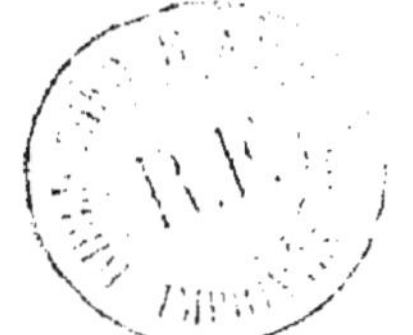

Paris et Limoges. — Imprimerie Henri CHARLES-LAVAUZELLE.

CONSEILS AUX LECTEURS

Les précautions suivantes sont recommandées :

Tenir les livres, lorsqu'on les lira, revêtus d'une couverture;

Autant que possible, lire en ayant le livre devant soi sur une table;

A défaut de table, tenir le volume tout ouvert dans la main, évitant de le replier sur lui-même, les derniers feuillets renversés sur les premiers, ce qui les briserait dès une première lecture;

Ne point marquer au moyen d'un pli ou d'une corne la page à laquelle on s'est arrêté. Celui qui croira devoir faire usage d'une marque placera une petite bande de carte ou de papier;

Ne jamais tourner les feuillets en les froissant avec un doigt mouillé;

Prendre garde qu'il ne soit fait ni écritures, ni taches, soit sur les couvertures, soit à l'intérieur des livres; que l'empreinte des doigts, notamment, n'y soit marquée;

Renfermer le volume dans un meuble, après chaque lecture.

Ces soins sont prescrits dans l'intérêt de tous; on ne doute pas que chaque lecteur n'ait à cœur de les observer.

En cas de changement d'arrondissement, le lecteur est prié de vouloir bien rapporter au bibliothécaire le présent catalogue qui est spécial pour la Bibliothèque municipale du passage de l'Ancre

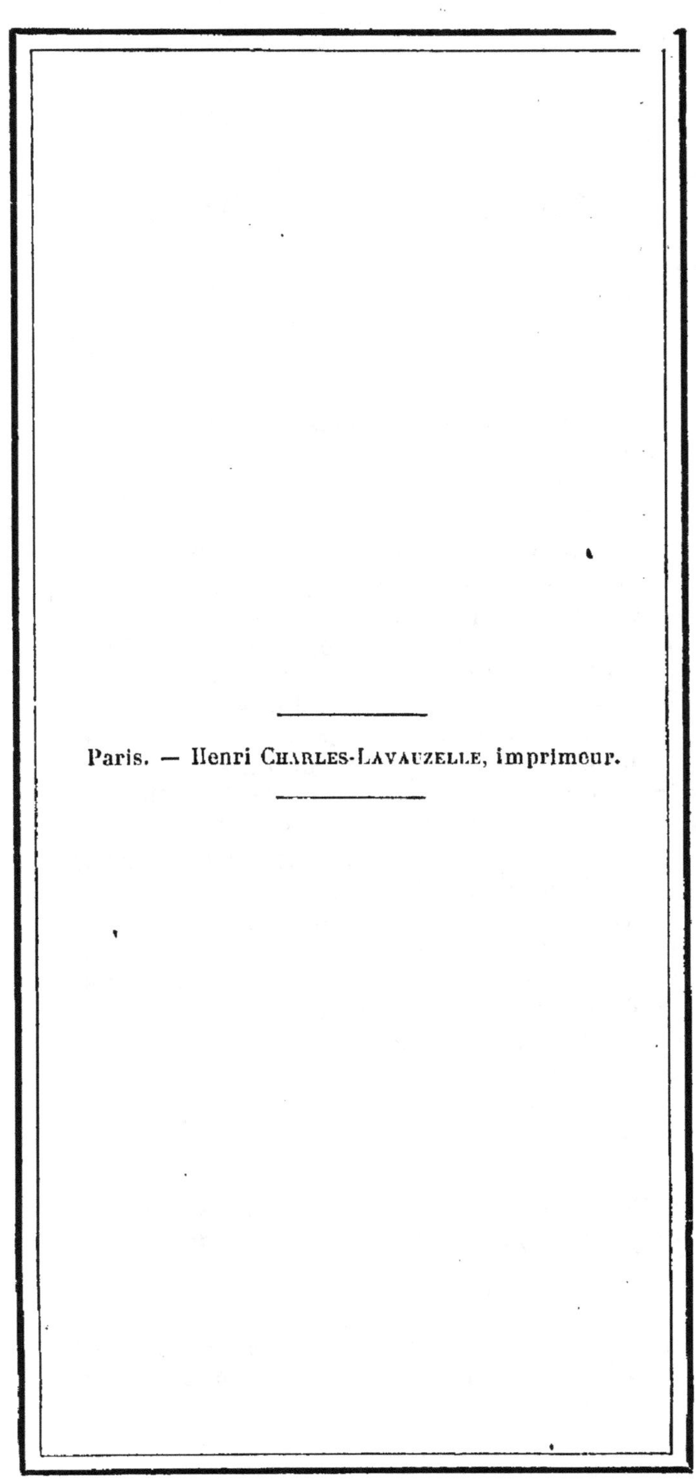

Paris. — Henri CHARLES-LAVAUZELLE, imprimeur.

9 782329 737270